Rainer Enskat

Kant im Kontext

VERLAG KARL ALBER

Rainer Enskat

Kant im Kontext

Hauptweg und Nebenwege

Zwei Essays

Verlag Karl Alber Freiburg / München

Rainer Enskat

Kant in Context

Main path and byways

»I looked about for an act of the understanding which comprises all the rest, and is distinguished only by various modifications and features, in reducing the multiplicity of representation to the unity of thinking in general: I found this act of the understanding to consist in judging.« Kant thus formulates – retrospectively – a programme of work that shapes the basic methodological traits of his ›critical‹ works. The present book first sketches the junctures of the ways in which the public discussion of Kant's *Critique of Pure Reason* came to take this programme seriously. And it flows into the characterization of the main path and the side paths along which Kant himself arrived at the original insights through which he uncovered the possibilities and the fruitfulness, but also the limits, of experience by means of judgment analysis.

The author:

Rainer Enskat, born in 1943, after completing his doctorate at the University of Göttingen and habilitation at the university of Freiburg, he worked as Professor at the Universities of Heidelberg, Ulm and Halle; Emeritus 2008.

Rainer Enskat

Kant im Kontext

Hauptweg und Nebenwege

»Ich sah mich nach einer Verstandeshandlung um, die alle anderen
enthält und sich nur durch die verschiedenen Modifikationen und
Momente unterscheidet, das Mannigfaltige der Vorstellungen unter
die Einheit des Denkens zu bringen. Und da fand ich, diese Verstandeshandlung bestehe im Urteilen.« Kant formuliert hiermit ein Arbeitsprogramm, das den methodischen Grundzug seiner drei Kritiken
prägt. Das vorliegende Buch skizziert zunächst Knotenpunkte der
Wege, auf denen die öffentliche Auseinandersetzung mit Kants *Kritik
der reinen Vernunft* dahin gelangt ist, dieses Arbeitsprogramm ernst
zu nehmen. Und es mündet in die Charakterisierung des Hauptwegs
und der Nebenwege, auf denen Kant selbst zu den ursprünglichen
Einsichten gelangt ist, durch die er die Möglichkeiten und die Fruchtbarkeit, aber auch die Grenzen der Erfahrung mit urteils-analytischen Mitteln durchsichtig gemacht hat.

Der Autor:

Rainer Enskat, Jahrgang 1943, hatte nach der Promotion an der Universität Göttingen und der Habilitation an der Universität Freiburg
i. Br. Professuren an den Universitäten Heidelberg, Ulm und Halle
inne; emeritiert 2008.

Originalausgabe

© VERLAG KARL ALBER
in der Verlag Herder GmbH, Freiburg / München 2021
Alle Rechte vorbehalten
www.verlag-alber.de

Umschlagmotiv: Paul Klee, Hauptweg und Nebenwege, 1929

Satz: SatzWeise, Bad Wünnenberg
Herstellung: CPI books GmbH, Leck

Printed in Germany

ISBN Print 978-3-495-49189-8
ISBN E-Book (PDF) 978-3-495-82514-3

Inhalt

Einleitung

> Schütz uns vor unseren Freunden, vor unseren Feinden
> wollen wir uns schon selbst in Acht nehmen!
> Cesare Beccaria

Mit den Formulierungen des vorliegenden Buchs habe ich angefangen, während ich noch am Zweiten Teil meiner inzwischen abgeschlossenen zweibändigen Untersuchungen *Urteil und Erfahrung. Kants Theorie der Erfahrung*[1] gearbeitet habe. Ohne die lebhafte Ermunterung eines langjährigen Freundes, des Judaisten und Religionswissenschaftlers Peter Schäfer, wäre ich vermutlich gar nicht auf den Gedanken gekommen, meine während mehrerer Jahrzehnte vorbereitete, abschließende Auseinandersetzung mit dieser Theorie noch einmal in einer anderen Form fortzusetzen. Diese andere Form sollte geeignet sein, insbesondere Grenzgängern zwischen anderen Disziplinen und der Philosophie sowie interessierten Zaungästen meines Fachs Wege in diese Theorie zu öffnen, die für sie besser begehbar sind als die mikro-hermeneutischen und mikro-analytischen Wege, auf denen gezeigt werden kann, daß und inwiefern diese Theorie wahrheitsfähig ist und weiterhin unerschlossene Lernpotentiale bereithält. Wenn von dieser Wahrheitsfähigkeit und diesen Lernpotentialen auch auf den hier nun eingeschlagenen Wegen etwas sichtbar werden sollte, wäre mir das selbstverständlich um so willkommener.

Doch wer sind die Zaungäste der Philosophie? Von alters her kommen sie auf ihren alltäglichen Wegen immer wieder einmal an einem weitläufigen Gelände vorbei – den Gesprächen bzw. Texten der Philosophen –, auf dem wechselnde Personen dem eigentümlichen Geschäft namens Philosophie nachgehen. Die auffälligen Eigentümlichkeiten dieses Geschäfts wecken abwechselnd ihre Aufmerksamkeit, Neugier und gelegentlich sogar ihr Interesse, aber auch ihr Befremden. An der Umzäunung dieses Geländes kommen sie auch immer wieder einmal mit wechselnden Angehörigen dieses Geschäfts in Gespräche, an die sie teils befremdliche, teils anregende und teils

---

[1] Rainer Enskat, Urteil und Erfahrung. Kants Theorie der Erfahrung, Erster und Zweiter Teil, Göttingen 2015, 2020.

unverständliche Erinnerungen bewahren. Zaungäste, in deren Erinnerungen das Anregende vorwiegt und vielleicht zur Klärung des Befremdlichen und Unverständlichen einlädt, hofft dieses *libellum* ins Auge fassen zu können, ohne sich über die Geschicke Illusionen zu machen, die eine solche Gratwanderung trotz aller entsprechenden Vorsätze auch bei wohlwollenden Adressaten mit sich bringen kann.

Und wer sind die Grenzgänger zwischen anderen Disziplinen und der Philosophie? Sie gibt es natürlich erst, seit die disziplinären Grenzen zur Philosophie Arbeitsteilung und Kooperation nötig machen – angefangen bei der mathematisch und experimentell sich verselbständigenden Physik des 17. Jahrhunderts, fortgesetzt und radikalisiert in den quantenphysikalisch fundierten disziplinären Arrondierungen von Chemie und Biologie im 20. Jahrhundert, analog bei den seit dem 19. Jahrhundert mit historiographischer sowie mikro-philologischer und -hermeneutischer Strenge arbeitenden Geisteswissenschaften. Die ihre empirischen Methoden beständig schärfer kultivierenden Sozialwissenschaften haben ihre interdisziplinären Grenzgänger ebenso in Themen und Problemfelder der Philosophie wandern sehen wie alle anderen solche Grenzpotentiale erbenden oder entwickelnden Disziplinen. Für die Antwort auf die alte Frage, was die Natur ›im Innersten zusammenhält‹ werden philosophierende Grenzausflüge von Naturwissenschaftlern ebenso zu Hilfe genommen wie von Geisteswissenschaftlern für die Antwort auf die Frage, was die Geschichte ›im Innersten zusammenhält‹. Die Sozialwissenschaften werden durch Max Webers Leitfrage, welche Menschentypen von den wechselnden sozialstrukturellen Epochen unserer Geschichte begünstigt werden, am tiefsinnigsten zu solchen Grenzausflügen geführt. Denn diese Leitfrage setzt die Orientierung an der Antwort auf die Frage nach der geschichts- und sozialinvarianten Würde des Menschen voraus.

Unter diesen Grenzgängern sind es in der Regel Naturwissenschaftler, die sich am ehesten angezogen finden, für Grenzfragen ihrer alltäglichen Arbeit nach möglichen Antworten in Kants Theorie der Erfahrung zu suchen. Sein zentral wichtiger theoretischer Satz »Natur und mögliche Erfahrung [ist] ganz und gar einerlei«[2] kann dieses Interesse allerdings nicht nur erklären, sondern auch auf eine

---

[2] Prolegomena zu einer jeden künftigen Metaphysik, in: Kant's gesammelte Schriften (sog. Akademieausgabe = Ak.), Bd. I ff., Berlin 1900 ff., hier: Ak. IV, S. 320. Diese Schriften werden hinfort nach dem Schema Ak. I ff., S. 1 ff. zitiert.

Bewährungsprobe stellen. Doch da sich – abgesehen von der Mathematik, der Philosophie und der Theologie – alle an unseren Universitäten arbeitenden Wissenschaften als Erfahrungswissenschaften zu verstehen pflegen, bildet Kants Frage nach den Bedingungen der Möglichkeit der Erfahrung – ganz ungeachtet ihrer eigentümlichen Zielrichtung – auch für Grenzgänger anderer erfahrungswissenschaftlicher Disziplinen einen möglichen Anziehungspunkt.

Ziel meiner zweibändigen Untersuchungen war es, den philosophisch trainierten Lesern vor Augen zu führen, was es mit der Tragfähigkeit, der Wahrheitsfähigkeit und den Lernpotentialen auf sich hat, die mit dem Bedeutungswandel der Worte *Erfahrung* und *Erfahrungsurteile* sowie mit seinen paradoxen Tragweiten verbunden sind. Ziel der vorliegenden Retraktationen ist es, den interdisziplinären Grenzgängern und den Zaungästen der Philosophie die Tragfähigkeit, die Wahrheitsfähigkeit und die Lernpotentiale derselben paradoxen Tragweiten mit Hilfe der dafür hoffentlich geeigneten methodischen und literarischen Mittel verständlich zu machen. Falls es gelingen sollte, mit diesen Mitteln auch Fachkollegen für Kants Theorie günstiger zu stimmen als sie bislang eingestellt sind, so wäre mir selbstverständlich auch das willkommen.

Lukas Trabert vom Verlag Karl Alber bin ich daher für die Großzügigkeit dankbar, mit der er umstandslos bereit war, die Retraktationen dieses *libellum* zu publizieren, und zwar insbesondere auch in der äußeren Aufmachung, die ich mir nach dem Muster der großartigtiefschürfenden und materialreichen kunstphilosophischen Überlegungen Dieter Jähnigs *Der Weltbezug der Künste. Schelling, Nietzsche, Kant* gewünscht hatte.

Indessen ist das Tun der Philosophie durch die immer noch weiter wachsenden medialen Turbulenzen der Gegenwart in eine zum Zerreißen gespannte Situation ihrer öffentlichen Darstellungen und Wahrnehmungen geraten. Das ›Publikum‹, das auch Kant schon als Adressaten seiner ›critischen‹ Werke im Auge hatte, muß sich in dieser Situation auf publizistische Ansprüche und Ambitionen Reime machen, für die es keine bewährten Regeln gibt. Einerseits wird von beliebten ›leichtfüßigen‹ Autoren der Verlust von ›Zauberern‹ beschworen. Wie es bei Beschwörungen und Zauberern ganz normal ist, darf man ihren Methoden allerdings nicht nähertreten, um genau zu sehen, wie und wo sie ihre Inspirationen empfangen bzw. ihre ›Kaninchen‹ versteckt haben. Andere Autoren halten es grundsätzlich mit einer Maxime, die der treffliche Heinrich Heine 1834 in seinen Betrachtungen *Zur Geschichte der Philosophie und Religion in Deutschland* bewußt und ausschließlich aus geschichtssituativen Gründen an »eine patriotisch-demokratische [Tendenz]«[3] gebunden hatte: »Beständig aber halten wir im Auge diejenigen von den Fragen der Philosophie, denen wir eine sociale Bedeutung beimessen, und zu deren Lösung sie mit der Religion konkurriert«.[4] In der Gegenwart wird Heines geschichtssituatives Augenmerk schon seit längerem in eine grundsätzliche sozial-ideologische Funktionalisierung der Philosophie durch eine so apostrophierte Kritische Theorie transformiert.

Schließlich melden sich Autoren zu Wort, die nach wie vor ›im Weinberg Platons‹ zu arbeiten suchen, weil sie durch ihre akademischen Ämter zu Forschung und Lehre und damit zu dem von Kant geteilten und »noch nicht erloschenen Geist der Gründlichkeit in Deutschland«[5] verpflichtet sind.

Angesichts der publizistischen Turbulenzen dieser Situation habe ich mich mit diesem *libellum* zu einem *Reloading Kant* entschlossen, das mit einigen entsprechend schwierigeren Wegen verbunden ist – mit dem Nebenweg durch die steinige Landschaft, die in Gestalt der medialen Öffentlichkeit nun schon seit längerem das Vorfeld nicht nur zu Kants Philosophie mit Zwielicht umgibt. Die Schritte dieses Nebenwegs sollen jedoch am Leitfaden von Kants eigenen einschlägigen Kommentaren durch einige der mehr oder weniger irregeführten und irreführenden Ambitionen und Ansprüche führen, die in diesem öffentlichen Zwielicht gegenwärtig mit Aufgaben, Möglichkeiten und Grenzen der Philosophie verbunden werden. Gleichzeitig sollen diese Schritte schließlich in das Feld des Hauptwegs führen, auf dem Kant diese Aufgaben, Möglichkeiten und Grenzen mit seinen eigenen ursprünglichen Einsichten und methodischen Einstellungen verbunden hat. Doch dieser Hauptweg Kants wird auch mit Nebenwegen verbunden, wie sie in der Vorgeschichte und in der Nachgeschichte seiner Philosophie erprobt worden sind.

---

[3] Heinrich Heine, Zur Geschichte der Philosophie und Religion in Deutschland ([1]1834), in: Heinrich Heine's Sämtliche Werke. Neue Ausgabe in 12 Bänden. Siebenter Band, Hamburg o. J., S. 3–116, hier: S. 3.
[4] S. 41.
[5] Kritik der reinen Vernunft ([1]1781, [2]1787) (= KrV), Hg. R. Schmidt ([1]1926), Philosophische Bibliothek Bd. 37A, Synoptische Ausgabe der beiden Original-Ausgaben (A- bzw. B-Seitenzählung) Hamburg [2]1956, B XXXVI. Die *Kritik der reinen Vernunft* wird hinfort nach dem Schema KrV, A 1 ff. B 1 ff. zitiert.

Das vorliegende Büchlein präsentiert zwei Essays, die aber auf der einmal eingeschlagenen Linie in einem einzigen zusammenhängenden Arbeitsgang verfaßt worden sind. Der erste, längere Essay orientiert sich an Kants Maxime »Mein Platz ist das fruchtbare Bathos der Erfahrung«[6] und führt auf vier kontinuierlichen Wegen in seine Theorie der Erfahrung ein: Auf dem steinigen Nebenweg der Legenden, Gerüchte, Karikaturen und Zeugnisse, die sich seit der Publikation der ersten Auflage der *Kritik der reinen Vernunft* im Jahr 1781 um dieses Werk gerankt haben; auf dem irritierenden Nebenweg des Streits um ursprüngliche Einsichten Kants in diesem Werk; auf dem Hauptweg in Zentren und Epizentren seiner ursprünglichen Einsichten in die Möglichkeit, die Wirklichkeit, die Fruchtbarkeit und die Scheinbarkeit von Erfahrung; und schließlich wenigstens durch erste Schritte auf dem finalen Hauptweg in seine nahezu unbeachtet gebliebene metaphysische Rechtsphilosophie der praktischen Erfahrung des Guten und des irdischen Glücks des Menschen.

Der zweite, kurze Essay orientiert sich an zwei in meiner Lehrergeneration formulierten ingeniösen Charakteristiken der philosophischen Tätigkeit: »Philosophie ist die Reflexion auf die Bedingungen der Möglichkeit genau dessen, was in jeder anderen als der philosophischen Einstellung für selbstverständlich gehalten wird«[7] bzw. kurz und bündig: »Philosophie ist die Theorie des Selbstverständlichen«.[8] Dieser Kurz-Essay soll im Rückgriff auf die zuvor markierten Zentren und Epizentren von Kants ursprünglichen Einsichten des ersten Essays und am Leitfaden von Patzigs Charakteristik zeigen, daß und inwiefern Kants Theorie der Erfahrung ein eminentes Paradigma der ›Reflexion auf die Bedingungen der Möglichkeit genau dessen bildet, was in jeder anderen als der philosophischen Einstellung für selbstverständlich gehalten wird‹ – ebenso wie z. B. die Ideen-Orientierung von Platons Philosophie, aber auch z. B. Aristoteles' Kategorien-Lehre. Die Orientierung an dieser Charakteristik – eine vorzügliche Form von Arbeitsdefinition der Philosophie – und ihre Erörterung am Leitfaden des Kantischen Paradigmas sollen auch

---

[6] Prolegomena, Ak. IV, S. 373*.

[7] Günter Patzig, Vorwort, in: Gottlob Frege, Funktion, Begriff, Bedeutung. Fünf logische Studien (herausgegeben und eingeleitet von Günther Patzig) (¹1964), Göttingen ²1966, S. 315, hier. S. 14.

[8] Wolfgang Wieland, Wissenschaft und Ethik, in: Das Parlament, Beilage: Aus Politik und Zeitgeschichte 1964, S. 11–26, hier: S. 11.

einer Hoffnung Ausdruck verleihen – daß die Orientierung an ihr auch in Kreisen jenseits der dem ›Geist der Gründlichkeit‹ verpflichteten Philosophie dazu beiträgt, deren vorschnellen transdisziplinären Vereinnahmungen, sozialen Funktionalisierungen und pragmatischen Instrumentalisierungen vorzubeugen. Überschneidungen zwischen beiden Essays sind angesichts des gemeinsamen Rahmenthemas unvermeidlich. Die unterschiedlichen Leitaspekte mögen gleichwohl und trotz unvermeidlicher Wiederholungen auch dazu beitragen, daß die komplizierte interne Machart von Kants Theorie besser sichtbar wird.

Indessen ist die zuerst von Kant geprägte Formel von den Bedingungen der Möglichkeit im Laufe der Zeit auch außerhalb der Philosophie in Gebrauch genommen worden. Formeln dieser Prägnanz sind bekanntlich nicht nur geduldig, sie können unter Umständen durchaus mit Berechtigung auch jenseits ihres Stammlandes Verwendung finden. So können wir sowohl im Alltag wie in den empirischen Wissenschaften von ihr einen sachgerechten Gebrauch machen. Wir können z. B. nach den Bedingungen fragen, unter denen es möglich ist, daß Menschen ihre afrikanischen Heimaten verlassen und es in Kauf nehmen, unter großer Lebensgefahr Seewege nach Europa einzuschlagen. Ebenso können wir z. B. fragen, unter welchen Bedingungen es möglich ist, daß sich eine so irenische Religion wie das Christentum seit zweitausend Jahren unaufhörlich in teilweise gewalttätigste Formen der Feindschaft mit dem Judentum verstrickt. Wir können aber z. B. auch nach den Bedingungen fragen, unter denen es entgegen allen geschichtlich gewachsenen Auffassungen der Naturwissenschaftler möglich wurde, Atomkerne zu spalten.

Diese wenigen Beispiele können zeigen, daß die Formel von den Bedingungen der Möglichkeit in solchen alltäglichen und wissenschaftlichen Zusammenhängen als Grundformel *empirischer Erklärungen* verwendet wird, also als Formel für das methodische Grundmuster *allgemeiner* Erklärungen *individueller empirischer Tatsachen* aus *anderen individuellen empirischen Tatsachen.* Indessen könnten sich die Bedingungen der Möglichkeit der Erfahrung, nach denen Kant fragt, um mit diesem nächstliegenden Beispiel zu beginnen, von nichts radikaler unterscheiden als von diesem empiristischen Grundmuster. Denn diese Bedingungen der Möglichkeit erschöpfen sich in nicht-empirischen, formalen Bedingungen von zwei Typen von Urteilen: 1. der Urteile, durch die die Menschen – und nur die Menschen – immer wieder von neuem neue Anteile am »*absolute[n]*

Ganze[n] aller möglichen Erfahrung«[9] erwerben können; und 2. durch die Urteile, die unter dem terminologischen Namen der synthetischen Urteile a priori »die Bedingungen der *Möglichkeit der Erfahrung* überhaupt« formulieren, die »zugleich Bedingungen der *Möglichkeit der Gegenstände der Erfahrung*«[10] sind. Doch mit nichts haben allgemeine empirische Erklärungen von individuellen empirischen Tatsachen aus anderen individuellen empirischen Tatsachen weniger zu tun als mit formalen Urteilsanalysen – und umgekehrt. Den Abstraktionsgrad und die Komplexität formaler Urteilsanalysen hat erst die moderne Wissenschaftstheorie mit ihren formalen Analysen allgemeiner empirischer Erklärungen von individuellen empirischen Tatsachen aus anderen individuellen empirischen Tatsachen erreicht.[11]

Angesichts dieser Zusammenhänge möchte ich selbstverständlich auch im Rahmen einer vereinfachenden Behandlung von Kants Theorie nicht zu einem der ungezählten *terribles simplificateurs* werden, die in unserer turbulenten Medienöffentlichkeit das Bild der Philosophie mit besonderem Eifer zu prägen suchen. So etwas könnte bei einem Versuch wie dem hier erprobten nur dann um den Preis von *terribles simplifications* passieren, wenn ich die Versuchung verspüren würde, mich an ›flotten‹ Topos-Kreationen zu versuchen oder ›große Sprünge‹ mit Hilfe von sogenannten ›steilen Thesen‹ zu machen – also Kants Theorie vermeintlich zu popularisieren, wie man die entsprechend verfängliche Zielsetzung gerne so scheinbar publikumsfreundlich apostrophiert. Doch philosophische Theorien lassen sich grundsätzlich nicht popularisieren. Wohl aber kann sich die Philosophie umgekehrt populär gewordener Selbstverständlichkeiten annehmen, um die Bedingungen der Möglichkeit zu analysieren, von denen abhängt, daß ihre Kultivierung aus guten Gründen gerechtfertigt ist – z.B. der von Kant hinterfragten optimistischen Selbstverständlichkeit, daß wir uns immer wieder von neuem darauf verlassen können, daß »das […] die Erfahrung [lehrt]«,[12] bzw. daß »[ich] das […] durch Erfahrung [lerne]«.[13] Meine Vereinfachungen

---

[9] Prolegomena, Ak. IV, S. 328, Kants Hervorhebungen.
[10] KrV, A 158, B 197, Kants Hervorhebungen.
[11] Vgl. hierzu die Basisinformationen durch Wolfgang Stegmüller, Erklärung – Begründung – Kausalität, in: ders., Probleme und Resultate der Wissenschaftstheorie und Analytischen Philosophie, Band I, Berlin/New York 1983.
[12] Op. post., Ak. XXII, S. 92*.
[13] Prolegomena, Ak. IV, S. 305*.

zeigen sich daher weder in einer popularisierenden Sprache noch in einer vergröbernden Interpretation bzw. Argumentation. Sie zeigen sich in einer Reduktion des komplexen, vieldimensionalen Netzes von Kants Theorie auf diejenigen Knotenpunkte, an denen die wichtigsten seiner ursprünglichen Einsichten auf das Ganze dieser Theorie ausstrahlen. Ich kann daher auch nur dann erwarten, daß meine Leser eine solche Behandlung nachvollziehen können, wenn meine Schrittfolge immer noch engmaschig genug ist, um auch die einfachsten und markantesten dieser Knotenpunkte noch in einer nachvollziehbaren Weise miteinander zu verflechten. Gegen *terribles simplifications* auch durch gutmeinende Leser – die von Beccaria befürchteten Freunde solcher Unternehmungen? – ist aber selbstverständlich auch dieser Versuch nicht gefeit.

Seit die Philosophie an unseren Universitäten das öffentliche Amt einer Lehr- und Forschungsdisziplin wahrzunehmen hat, kommt es ihren Aufgaben zugute, wenn sie auch die Möglichkeiten ernst nimmt, die ihr von Anfang an formale Reflexions- und Analyse-Methoden eröffnet haben. Kants Philosophie bildet einen der wenigen überlieferten Entwürfe, die von dieser Möglichkeit in der konzentriertesten Form Gebrauch gemacht haben. Diese methodische Möglichkeit muß ihre mikro-hermeneutischen und mikro-analytischen Spuren in angemessener Weise auch dann hinterlassen, wenn man sich im Grenzbereich zwischen philosophischer Lehre und Forschung einerseits und andererseits eines interessierten Publikums um das Vermächtnis der überlieferten Philosophie bemüht – also z.B. auch in Vermittlungsformen wie der, an der ich mich hier am Leitfaden von Kants Paradigma versuche. Das Beispiel von »Gelehrte[n], denen die Geschichte der Philosophie (der alten sowohl als neuen) selbst ihre Philosophie ist«, hat auch Kant schon zur Vorsicht im Umgang mit den methodischen Ansprüchen seines Werks geraten. Früher oder später müssen meine Leser daher mit Durststrecken Vorlieb nehmen, auf denen Kants ursprüngliche Einsichten gerade im Ausgang vom Herzstück seiner ganzen Philosophie mit besonderer Eindringlichkeit so behandelt werden, wie es seiner eigenen ahistorischen, formalen Reflexions- und Analyse-Disziplin entspricht.

Doch auch die Konzentration auf diese ursprünglichen Einsichten bzw. Knotenpunkte genügt immer noch nicht wirklich, um mit einem Vorhaben wie diesem *libellum* Kants Theorie meiner hier ins Auge gefaßten Leserschaft in angemessener Weise näherzubringen. Denn Kant selbst vermittelt diese zentralen Einsichten aus unterschiedlichen Gründen und Motiven, indem er immer wieder gleichsam mit der Tür ins Haus fällt. Sein wichtigstes Motiv für diese überfallartigen Präsentationen ist gewiß teils biographischer, teils psychologischer und teils arbeitsökonomischer Natur. Denn angesichts des Andrangs seines bevorstehenden siebenten Lebensjahrzehnts sah sich Kant genötigt, die immense Menge seiner in zehnjähriger stillschweigender Arbeit gesammelten ›critischen‹ Reflexionen binnen eines knappen Jahres bis zur Publikationsreife zusammenzufassen. Darüber hinaus ließ seine unaufhörliche Ängstlichkeit wegen seiner zarten, für Gebrechen und Krankheit disponierten Konstitution seine Sorge wachsen, diese wichtigsten Resultate seiner Lebensarbeit der gelehrten Welt möglichst rasch in unverlierbarer Form öffentlich zugänglich zu machen. Gleichzeitig war die schlichte Menge seiner faktischen zehnjährigen Vorarbeit nur um den Preis der äußersten Verknappung ihrer öffentlichen Mitteilungsformen zu beherrschen. Unter diesen Umständen kommt es dazu, daß sich ein Autor einer nahezu hyper-komplexen Theorie mehrfach gedrängt fühlt, gerade mit deren ursprünglichen Einsichten bzw. Knotenpunkten gleichsam wie mit der Tür ins Haus seiner Leser zu fallen.

Fast zweieinhalb Jahrhunderte nach der Publikation der *Kritik der reinen Vernunft* und mehr als hundert Jahre nach dem Beginn der strengen Kant-Forschung sollte man daher versuchen, Möglichkeiten zu erproben, die erlauben, sich diesen ursprünglichen Einsichten bzw. Knotenpunkten auch auf Nebenwegen zu nähern, die den Härten ihrer unmittelbaren Präsentationen vorzubeugen suchen, aber trotzdem sachgemäß sind und auf den Linien der Hauptwege liegen, die zu ihrer Präsentation durch Kant führen. Vielleicht ist es unter diesen Umständen günstig, daß ein solcher Nebenweg gerade beim Herzstück von Kants ganzer Philosophie – ihrem »höchste[n] Punkt«[14] – nicht nur nötig, sondern auch gangbar ist. Nötig sind diese Nebenwege, weil Kant sich mit diesem Herzstück am weitesten von den Elementen unserer alltäglichen Erfahrung zu entfernen scheint, die er in seiner Theorie nie ganz aus den Augen verliert. Doch wenn man sich an diesem Herzstück versucht, begibt man sich auch als Leser Kants – aber eben auch gemeinsam mit ihm – in die abstraktesten Höhen und Komplikationen seiner analytischen Untersuchungsschritte. Es sind daher auch umsichtige Nebenwege seiner Leser und

---

[14] KrV, B 133*.

Interpreten nötig, um nicht schwer korrigierbaren Mißverständnissen ausgesetzt zu bleiben.

Vielleicht läßt sich das sachliche Gewicht, das mit diesem Herzstück verbunden ist, im Vorgriff durch die Bemerkung verdeutlichen, daß Kant hier eine Revolution der überlieferten Metaphysik der menschlichen Seele zur Sprache bringt. Selbstverständlich war sich Kant, als er an dieser revolutionären Auffassung vom Format und der Tragweite dieser Seele gearbeitet hat, der lastenden griechischen, römischen und christlichen Traditionen bewußt, an denen sich diese Auffassung zu bewähren haben würde. Auf den sublimen Charakter der menschlichen Seele, dem die Subtilitäten dieser Traditionen in den unterschiedlichsten Formen gerecht zu werden suchen, macht Kant mit Hilfe einer bis heute paradoxen methodischen Einstellung zum ersten Mal aufmerksam: Die Seele hat im menschlichen Leben von Hause aus eine zwar stillschweigend-unthematische, aber gleichwohl ursprungstiftende Rolle. Dieser stillschweigend-unthematischen, aber gleichwohl ursprungstiftenden Rolle kommt Kant auf die Spur, indem er einen paradox scheinenden Rückgriff auf die Formale Logik fruchtbar macht – nicht auf eine neue Formale Logik, sondern unter einem neuen Aspekt auf die seit Aristoteles und dem Mittelalter bis in seine Gegenwart überlieferte Formale Logik. Sogar die in der Gegenwart seit Gottlob Frege unbegrenzt erfolgreiche Formale Logik läßt sich unter dem von Kant herausgearbeiteten Aspekt für dieselbe Konzeption der menschlichen Seele fruchtbar machen. Es liegt auf der Hand, daß Kant für die Ausarbeitung nicht nur einer solchen Konzeption ein formal-analytisches Niveau gewinnen mußte, das dem eines eminenten analytischen Philosophen *avant la lettre* entspricht. Man kann diesem Herzstück seiner Philosophie daher auch mehr als allen anderen Stücken seiner Theorie wiederum nur mit einigermaßen mikro-hermeneutischen und mikro-analytischen Mitteln Tribut zollen. Das Thema der menschlichen Seele ist zu sublim und zu wichtig, um sich diesen Tribut zu sparen. Ich habe dem springenden Punkt dieser Konzeption in den beiden Teilen meines monographischen Kant-Buchs zwar auch mit Hilfe der zwei zentralen Zitate und kurzen Kommentierungen Rechnung getragen. Doch erst angesichts des in diesen beiden Essays ins Auge gefaßten Ziels ist mir klar geworden, wie sehr das wahrhaft uralte Thema der menschlichen Seele nicht nur verdient, sondern auch lohnt, auf mehreren – nicht nur von Kant eingeschlagenen – Nebenwegen erörtert zu werden (s. u. Abschn. 3.2.–3.2.3.).

Die methodischen Möglichkeiten der Philosophie, auf die es gerade bei diesem Thema ankommt, stehen allerdings bis heute – und in der zerklüfteten medialen Landschaft der Gegenwart vielleicht noch mehr als jemals zuvor – in einem außerordentlich diffusen Licht. Welche Art von Illusionen die mikro-analytischen Möglichkeiten der Philosophie sogar schon in einem philosophischen Entwurf aus der klassischen Ursprungszeit der Philosophie erzeugen können, zeigt ausgerechnet das Beispiel der Geschicke, denen Platons Philosophie bei Lesern seiner Dialoge ausgesetzt war. Immer wieder – von der Antike bis ins 19. Jahrhundert – hat man in seinen Dialogen vor allem Dokumente einer einzigartigen dramaturgischen Kunst geistiger Erbauung gesehen. Dabei ist es ohne jeden Zweifel überaus schätzenswert, wenn ein philosophisches Werk auf einem solch anspruchsvollen Niveau auch dieser Ausstrahlung fähig ist. Auch Kant steht noch in der Tradition der Bezauberung, die vom dramaturgischen Format von Platons Werk ausgehen kann, wenn er »de[n] Geistesschwung des Philosophen«[15] rühmt, der »die Sinnenwelt [verließ], […] und wagte sich jenseits derselben, auf den Flügeln der Ideen, in den leeren Raum des reinen Verstandes«.[16] Doch erst mit der um 1900 beginnenden Platon-Forschung und vor allem mit der nach dem Zweiten Weltkrieg einsetzenden Fruchtbarkeit der sog. Analytischen Philosophie setzte eine einschneidende Wende ein. Immer mehr mikro-hermeneutische sowie begriffs- und argumentationsanalytische Untersuchungen einzelner Dialoge konnten zeigen, in welchem Maß Platons dramaturgische Kunst im Bannkreis seiner Sokrates-Gestalt zwar einerseits eine besonders verführerische Art von literarischem Zauber in Szene setzt. Doch gleichzeitig wurde auch immer klarer, in welchem außerordentlichen Maß dieselbe Sokrates-Gestalt von Platon mit einem nahezu unerschöpflichen begriffs- und argumentations-analytischen Prüfungspotential ausgestattet ist. Sie macht es im Umgang mit ihren Gesprächspartnern ebenso unerschöpflich mit Skepsis, Ironie und Humor fruchtbar.[17] Ohne diese einzigartige Kunst der dramaturgischen Inszenierung analytischer Eindringlichkeit ist für die nachfolgenden Philosophen wie zunächst

---

[15] KrV, A 318, B 375.

[16] B 9.

[17] Den bisherigen Höhepunkt der mikro-hermeneutischen und mikro-analytischen Durchdringung von Platons Gesamtwerk und dessen systematischer Aufarbeitung bildet das Buch von Wolfgang Wieland, Platon und die Formen des Wissens, Göttingen 1982.

Aristoteles und später auch Kant nur noch die spröde Kunst übrig geblieben, mit begriffs- und argumentations-analytischen Mitteln *prosaische* Traktate zu verfassen. In ihnen zeigen die Klassiker, daß und wie sie nach wie vor nach einem höchsten Punkt suchen, an dem sich – in Analogie zu Platons Idee des Guten – nicht nur alle Menschen letzten Endes von selbst orientieren, sondern von dem aus sich für die philosophische Reflexion das Ganze der menschlichen Angelegenheiten auch in seinen wichtigsten Grundzügen überblicken und durchschauen läßt.

Immerhin sind zum Vorteil der philosophischen Arbeit die Zeiten lange genug vorbei, in denen man auf den Spuren vor allem Wilhelm Diltheys ernsthaft meinen konnte: »Das philosophische Denken der Gegenwart dürstet und hungert nach dem Leben. Es will die Rückkehr zur Steigerung der Lebensfreude, zur Kunst usw.«.[18] Die Freude indessen, die die methodische Kunst einer tiefen Philosophie durch ihren Fortschritt bereitet, ist, wie Georg Christoph Lichtenberg, der überaus treffliche Zeitgenosse Kants, gesehen hat, von anderer Art: »Was das Studium einer tiefen Philosophie so sehr erschwert, ist, daß man im gemeinen Leben eine Menge von Dingen für so natürlich und leicht hält, daß man nicht glaubt, es wäre gar nicht möglich, daß es anders sein könnte; […] Wenn ich sage: dieser Stein ist hart […] so ist dies ein solches Wunder von Operation, daß es eine Frage ist, ob bei Verfertigung manches Buchs so viel angewandt wird. […] Diese leichten Dinge schwer zu finden, verrät keinen geringen Fortschritt in der Philosophie«.[19] Um an der Freude über einen solchen Fortschritt teilzunehmen, lohnt es sich, das schwere Studium einer tiefen Philosophie auch gegen deren falsche Freunde – die *terribles simplificateurs* – mit Methoden zu erproben, die den Tiefenstrukturen der ›Wunder von Operationen‹ angemessen sind, die eine solche Philosophie zum ersten Mal zur Sprache gebracht hat – gleichgültig ob ihr Autor Platon oder Aristoteles, Locke oder Hume, Kant oder Hegel, Heidegger oder Wittgenstein war.

Halle, im März 2021   Rainer Enskat

---

[18] Wilhelm Dilthey, Weltanschauung und Philosophie, in: ders., Gesammelte Schriften, Bd. VII, S. 268–269, hier: S. 268; zu Diltheys irregeführten und irreführenden Auffassungen vom methodischen und systematischen Format der Philosophie vgl. auch unten S. 38–39.
[19] Georg Christoph Lichtenberg, Schriften und Briefe. Zweiter Band. Sudelbücher II (Hg. Wolfgang Promies), München 1971, [65] S. 409.

I. »Mein Platz ist das fruchtbare Bathos der Erfahrung«
Möglichkeit und Wirklichkeit, Fruchtbarkeit und Scheinbarkeit der Erfahrung

1. Gerüchte und Zeugnisse

Der Text der *Kritik der reinen Vernunft* wird allgemein nicht ganz ohne ernstzunehmende Gründe als Musterbeispiel eines Dokuments einer ebenso hochabstrakten wie nahezu hyper-komplexen und sprachlich verklausulierten Philosophie angesehen. Kleinere und größere terminologische Wortungeheuer wie *synthetische Einheit der transzendentalen Apperzeption* oder *Synthesis der Reproduktion in der Einbildung* scheinen diesen drei Eigenarten dieser Philosophie nur allzu gemäß zu sein. Nicht selten wird sie deshalb mit dem Typ von Philosophie identifiziert, den Kant unter dem Namen der Metaphysik zwar mit guten Gründen selbst für sie in Anspruch genommen hat. Doch nicht erst in der Gegenwart schreibt man diesen Titel nicht nur Kants Philosophie fast schon mit Bedacht auf Abschreckung zu – aber vielleicht doch nur eine Art von pseudo-philosophischem Kinderschreck? Halbanekdotische Zeugnisse freundschaftlicher philosophischer Zeitgenossen wie Moses Mendelssohn über die »nervensaftverzehrende« Lektüre von Kants Hauptwerk[20] tragen das ihre dazu bei, solchen auf Abschreckung zielenden Darstellungen einen Anschein von Angemessenheit zu verleihen. Es gibt sogar Philosophie-Professoren – Freunde der Philosophie? –, die sich noch nie in ihrem Arbeitsleben auch nur probeweise mit mikro-hermeneutischen und mikro-analytischen Mitteln an der Durchdringung auch nur eines einzigen Paradigmas eines metaphysischen Entwurfs – z. B. des aristotelischen, des spinozischen oder des kantischen – versucht haben, aber gleichwohl mit megalophoner Rhetorik nicht weniger als ein ganzes ›nachmetaphysisches Zeitalter‹ ausrufen – als wenn wir in einem Zeitalter leben würden, das es nicht nötig hätte, »die Unter-

---

[20] Vgl. Mendelssohns Brief an Kant vom 10. April 1783, Ak. XI, S. 307–308, hier: S. 308.

suchung alles dessen, was [...] von allem empirischen aber, imgleichen dem mathematischen Vernunftgebrauche unterschieden ist, zusammen zu fassen, [...] und heißt *Metaphysik*«, wobei »dieser Name auch der Kritik gegeben werden kann«.[21] Aus verständlichen Gründen scheuen die megalophonen Propagandisten eines ›nachmetaphysisches Zeitalters‹ die mikro-hermeneutischen und mikro-analytischen Mühen, die es kostet, mit Mitteln der Metaphysik »to lay bare the most general features of our conceptual structure«.[22] Denn »[s]chwer wird diese Untersuchung immer bleiben«, weil sie in Gestalt der *Kritik der reinen Vernunft* sogar die »Metaphysik der Metaphysik [enthält]«.[23] Gewiß hätte Kant dem ›neuerdings erhobenen antimetaphysischen Ton in der Philosophie‹ – und trotz der damit verbundenen beflissenen Beschwörungen von ›Kritik‹ und ›kritischem Bewußtsein‹ – eine genauso herbe Lektion erteilt wie seinerzeit *Einem neuerdings erhobenen vornehmen Ton in der Philosophie*.[24] Seine Bemerkung über »Hohe Türme und die ihnen ähnlichen antimetaphysisch großen Männer, um die gewöhnlich viel Wind ist,«[25] sagt mehr als viele Worte es könnten.

Nicht wenige solcher karikatur-affinen Darstellungen gehen aus Enttäuschungen hervor, wie sie von mehr oder weniger unangemessenen Erwartungen an die Möglichkeiten hervorgerufen werden, die den fruchtbaren Möglichkeiten der philosophischen Arbeit seit Kants Jahrhundert vor allem noch offen stehen. Nicht selten stehen bei solchen Enttäuschungen schwärmerische Vorstellungen von der halblegendären Gestalt des Sokrates Pate. Im fünften vorchristlichen Jahrhundert konnte dieser seine anscheinend einzigartige intellektuelle Ausstrahlung in persönlichen Gesprächen an öffentlichen Orten der athenischen Kleinstadt von damals schätzungsweise vierzigtausend Einwohnern in Erscheinung treten lassen.[26] Vor allem die unermüdliche Ausübung der Tugenden skeptischen Scharfsinns, gründlichen Tiefsinns und versöhnlichen, ironischen – auch selbstironischen –

---

[21] KrV, A 841, B 869, Kants Hervorhebung.
[22] Peter F. Strawson, Individuals. An Essay in Descriptive Metaphysics (¹1959), London 1975, S. 9.
[23] Brief an Moses Mendelssohn vom 11. Mai 1781, Ak. X, S. 251.
[24] Vgl. Von einem neuerdings erhobenen vornehmen Ton in der Philosophie, Ak. VIII, S. 387–406.
[25] Prolegomena, Ak. IV, S. 373*.
[26] Vgl. hierzu Olof Gigon, Sokrates. Sein Bild in Dichtung und Geschichte (¹1947), Bern ²1979.

Humors hat Platon seinem ehemaligen Mentor im Hymnus seiner drei Dutzend Dialoge in den Mund gelegt. Doch auch das aus anderen Quellen überlieferte Bild dieses Sokrates verleitet immer wieder einmal dazu, dem Publikum der Gegenwart die angeblich versäumten Möglichkeiten eines sokratischen Philosophierens auf einer postathenischen *Agora* der Gegenwart zu suggerieren – verbunden selbstverständlich ebenso häufig mit dem wohlfeilen ›kritischen‹ Bewußtsein eines Dämons namens Kapitalismus, der angeblich alle öffentlichen Orte unserer gegenwärtigen Welt zuungunsten eines solchen Stils des Philosophierens ruiniere. Doch schon Platon sah, daß auch die kleinstädtische athenische und ganz und gar nicht-kapitalistische Lebensform seiner Gegenwart für den sokratischen *Agora*-Typus skeptisch-scharfsinnigen und gründlich-tiefsinnigen Philosophierens im höchsten Maß ungünstig war. Er zog daraus die radikalste Konsequenz: Gerade um der Philosophie willen ist es nötig, ihre Möglichkeiten hinter den Mauern einer rechtlich geschützten Institution namens *Akademie* zu kultivieren.

Schwarmgeistern, an denen es der Philosophie zu keiner Zeit gefehlt hat, ist seit Platons institutionenpragmatischer Entscheidung ein für alle Mal der Boden für die Seriosität der Sehnsucht nach wirklichen oder vermeintlichen philosophischen Zauberern wie Sokrates entzogen. Angesichts der methodischen Strenge ihrer Bemühungen um die Philosophie und deren von Platon bis Hegel hinterlassenes Vermächtnis hätten nicht wenige von den letzten vermeintlichen Zauberern – z.B. Heidegger, Cassirer und Wittgenstein – solchen Schwarmgeistern aus guten Gründen geraten, besser noch einmal ›in die Schule zu gehen‹ und, wie Kant rät, zu lernen, »prosaisch […] zu philosophieren«.[27] Auch die Diffusionen, die die gründliche philosophische Forschung und Lehre im Medium journalistischer Vermittlungen durchlaufen, gelingen erfahrungsgemäß – sogar aus der Feder authentischer Lehrer und Forscher – kaum ohne schwer zu unterscheidende Grade von verlustreicher Unschärfe und entstellendem Zwielicht. Ohne eine entsprechende Schulung verwandeln sich Auffassungen, wie sie bis heute in der Öffentlichkeit und für diese Öffentlichkeit über die Philosophie verbreitet werden, in den Gemütern ihrer Empfänger immer wieder von neuem in Gebilde, die Gerüchten und Karikaturen tendenziell verwandter sind als einigermaßen verläßlichen, also zumindest wahren Meinungen aus zweiter

---

[27] Vornehmer Ton, Ak. VIII, S. 405*.

oder dritter Hand. Beispielsweise der viel beschworene ›Strukturwandel der Öffentlichkeit‹ ist in Wahrheit ein verwirrender und sich ständig vervielfältigender medialer Funktionswandel der Öffentlichkeit. Die Struktur der Öffentlichkeit wird indessen in wohlgeordneten Gemeinwesen nach wie vor von den Menschenrechten, den Bürgerrechten und von einem entsprechenden Gerichtswesen, von republikanischen Institutionen, den rechtsfähigen Bürgern parlamentarisch-demokratischer Gemeinwesen und einer Presse gebildet, deren Journalisten vor allem diese Struktur fest und tief in das Kriteriengewebe ihrer politischen Urteilskraft aufgenommen haben. Der unablässige mediale Funktionswandel der Öffentlichkeit – vor allem in seiner jüngsten, elektronischen Gestalt – hat diese wahre Struktur der Öffentlichkeit für nicht wenige ihrer Träger – aber auch für einige ihrer Theoretiker – inzwischen bis zur Undurchschaubarkeit durchdrungen. Ihre ständig sich vervielfachenden so genannten *Foren* und *chatrooms* ähneln mehr und mehr einer globalen, von Halb-, Viertel- bzw. Unbildung durchdrungenen privatistischen Gerüchteküche. [28]

Auch für die Entstehung von Gerüchten über die Philosophie hat der tiefgreifende mediale Funktionswandel der Öffentlichkeit unzählige neue Foren geschaffen. Zwar konnte Kant unter den entsprechenden sich entwickelnden publizistischen Rahmenbedingungen seiner Zeit noch ein zuversichtliches öffentliches Plädoyer für den Gedanken formulieren, daß »ein Publicum sich selbst aufkläre, ist [...], wenn man ihm nur die Freiheit läßt, beinahe unausbleiblich«. [29] Doch verhindern konnte selbstverständlich auch er nicht, daß diese Freiheit z. B. in Deutschland unter den spezifischen Lebensbedingungen nach dem Ersten Weltkrieg eine katastrophenträchtige politische Entwicklung begünstigte. Zwar konnte der bedeutende jüdische Philosoph Ernst Cassirer noch ein Jahr vor dem Ausbruch der Deutschen Katastrophe in einem einzigartigen Akt symbolischer Selbstbehauptung sein Buch *Philosophie der Aufklärung* [30] veröffentlichen. Doch im Zuge der raschen Entwicklung dieser medialen Rahmenbedingungen war die Frage ohnehin schon länger immer dringlicher geworden,

---

[28] Die spezifisch amerikanische Vorgeschichte der abgründigen, inzwischen internationalen Verfallsformen des Bildungswesens analysiert im Horizont seiner eigenen Erfahrungen in musterhaft komplexer Weise Allan Bloom, The Closing of the American Mind, New York 1987.

[29] Beantwortung der Frage: Was ist Aufklärung?, Ak. VIII, S. 33–42, hier: S. 36.

[30] Ernst Cassirer, Philosophie der Aufklärung (¹1932), Hamburg 1998.

»wer kann darüber ein *öffentlich geltendes* Zeugnis ablegen?«[31] – also darüber, was es mit der Philosophie auf sich hat und insbesondere mit klassischen Gestalten der Philosophie wie der von Kant in der *Kritik der reinen Vernunft* entworfenen. Auch aus den öffentlichen Zeugnissen, die dem Publikum von tüchtigen ›Arbeitern im Weinberg‹ Platons in bester belehrender bzw. informierender oder orientierender Absicht mitgeteilt werden, überleben nur mehr oder weniger griffige Stichworte oder ›starke Thesen‹, die mehr oder weniger zufälligen Zaungästen der Philosophie während einer mehr oder weniger kurzen Frist für bildungsbeflissene Gespräche – auch mit sich selbst – zur beliebigen Verfügung stehen. Beispielsweise von Kants jahrzehntelanger Arbeit an einer radikalen ›critischen‹ Grenzerörterung der wichtigsten kognitiven Fähigkeiten des Menschen ist bei diesen Zaungästen unter dem ambitiösen Namen einer *Kritischen Theorie* nur noch ein Gerücht übrig geblieben. Im Rahmen des Gerüchts dieses Namens werden Inhalte von Sätzen philosophischer Klassiker grundsätzlich nicht mehr auf ihre begrifflichen Trennschärfen, ihre mikro-argumentativen Verflechtungen, ihre theoretischen Tragweiten, die Grade ihrer Wahrheitsfähigkeit und ihre aktuellen Lernpotentiale geprüft. In seinem Rahmen werden nur noch Inhalte von mehr oder weniger prominenten Sätzen aus opportun scheinenden philosophischen Texten planmäßig mit Hilfe sogenannter soziologischer, vor allem funktionalistischer *approaches* mit den Funktionen in Verbindung gebracht, die ihnen in diversen sozialen Milieus zufallen können. Kants Mahnung »Es ist nicht Vermehrung, sondern Verunstaltung der Wissenschaft, wenn man ihre Grenzen ineinanderlaufen läßt«,[32] hat in dieser sozial-ideologischen Funktionalisierung der Philosophie trotz aller Bekenntnisse zur ›Kritik‹ schon seit fast einem Jahrhundert allen Kredit verloren.

Doch man vergißt auch zu leicht, daß sich für die Philosophie erst im Europa von Kants Jahrhundert eine geradezu revolutionäre rechts- und institutionenpolitische Möglichkeit generell eröffnet hat, ihre Arbeitsmethoden und deren jeweils jüngste Ergebnisse einem hinreichend begabten und beflissenen Kreis von interessierten Studenten im öffentlichen universitären Unterricht zu vermitteln. Bis tief ins 17. Jahrhundert hinein war die kontinuierliche Beschäftigung mit philosophischen Fragen, Themen und Problemen ausschließlich

---

[31] Vornehmer Ton, Ak. VIII, S. 402.
[32] KrV, B VIII.

eine Angelegenheit von Privatleuten gewesen. Diese *konnten* es sich nur deswegen leisten, *für* die Philosophie zu leben, weil sie nicht *von* der Philosophie leben *mußten*. Daß während dieser mehr als zweitausend Jahre etwas so schwer Charakterisierbares wie der philosophische *Geist* nicht nur in Traktaten, sondern auch in Dialogen, Gedichten, Streitschriften, Essays und Erbauungsschriften, in Dramen, Pamphleten und in mancherlei anderen literarischen Gestalten kultiviert werden konnte, steht außer Zweifel. Die bedeutsamen Anregungspotentiale und philosophischen Erweckungspotentiale, die sie für Leser aller Zeiten bis heute mit sich bringen, stehen ebenso außer Zweifel. Doch die Anzahl der klassischen Texte, deren Autoren die fruchtbaren Möglichkeiten methodisch disziplinierter philosophischer Arbeit in geschichtlich bedeutsamen Maßen gefördert haben – von Platon und Aristoteles bis Wittgenstein und Heidegger – lassen sich unschwer an kaum mehr als den Fingern unserer beiden Hände abzählen.

Gleichwohl war die Institutionalisierung gerade der universitären, also *öffentlichen Lehre und Forschung* der Philosophie in einer schützenden Einrichtung des öffentlichen Rechts seit Platons Gründung der Akademie die bedeutsamste kulturgeschichtliche Innovation zugunsten der auf Dauer gestellten und durch das öffentliche Recht geschützten Möglichkeiten der Philosophie. Nicht selten suchen die unverbesserlichen Schwarmgeister unter den ständigen Zaungästen der Philosophie für ihre Gerüchteküche sogar noch aus dem Umstand Kapital zu schlagen, daß ein Professor der Philosophie in der Ausübung seines öffentlichen universitären Amtes den dienstrechtlichen Status eines Beamten innehat. Den methodischen Stil und die stets mehr oder weniger vorläufigen Resultate von dessen Untersuchungen sucht der rhetorisch verbrämte, ungebildete Eifer solcher Schwarmgeister denn auch nur zu gerne durch Attestierung der Mentalität einer entsprechenden ›Beamtenphilosophie‹ zu diskreditieren.

In der Ausübung seines solchen öffentlichen Amtes rühmt Kant den von seinem Halleschen Kollegen Christian Wolff ausgehenden »noch nicht erloschenen Geist der Gründlichkeit in Deutschland«.[33] Damit hat er nicht weniger als eine der wichtigsten methodischen Tugenden auch der philosophischen Arbeit im Auge. Von ihrer Kultivierung hängen nicht nur sogar die unscheinbarsten der ihr mög-

---

[33] KrV, B XXXVI.

lichen Fortschritte ab. Von ihr hängen nicht zuletzt auch die Möglichkeiten ihrer Adepten ab, die Schritte in methodisch kontrollierbarer Form nachzuvollziehen und zu beurteilen, die zu solchen Fortschritten führen können. In Kants letzten Lebensjahrzehnten zeichnet sich überdies durch die Homer-Forschungen Friedrich August Wolffs die universitäre Institutionalisierung der philologischen und allgemein der historiographischen Fächer ab. Sie halten im Vorfeld der sich anbahnenden allgemeinen Schulpflicht ganz neue Potentiale für eine kulturgeschichtliche Ausbildung künftiger Lehrer auf wissenschaftlichem Niveau bereit. Sogar Kant faßt schon »künftige Lehrer«[34] ins Auge, wenn er den Philosophiebeflissenen seiner Zeit mit Hilfe einer Einführungsschrift das Verständnis der *Kritik der einen Vernunft* zu erleichtern sucht.

Gewiß entwirft Kant für die Formulierungen der in seinem Hauptwerk mitgeteilten Überlegungen mancherlei neue terminologische Hilfen. Sie verstehen sich auch deswegen nicht von selbst, weil sie auf Überlegungen verweisen, die in der seinen zeitgenössischen Adressaten vertrauten Philosophie noch keine Äquivalente haben. Man braucht solche terminologischen Neuerungen nicht blind mit zuverlässigen Indizien für neue philosophische Einsichten zu verwechseln, und sollte ihnen dennoch stets besondere Aufmerksamkeit widmen. Denn sie gehören sowohl innerhalb wie außerhalb der Philosophie, z. B. auch in den positiven Wissenschaften zum mehr oder weniger alltäglichen Brot sowohl der Selbstverständigung der Autoren wie ihrer Kommunikation mit ebenbürtigen Adressaten wie der Einübung ihrer Studenten in den jeweiligen Stand der Forschung. Terminologien haben normalerweise die Rolle von stenographischen Konventionen, mit deren Hilfe komplexe Zusammenhänge für den Eingeweihten in äußerst verknappter Form mitgeteilt werden können. Den positiven Wissenschaften gesteht der Außenstehende die in solchen terminologischen Konventionen sich äußernde Unvermeidlichkeit einer funktionalen Binnenesoterik gerne zu. Für Zaungäste der Philosophie bilden sie nicht selten willkommene Mittel, um Karikaturen für die Gerüchteküche zu entwerfen. Kant selbst bedenkt die möglichen Formen der Aufnahme seines Werks beim Publikum daher nicht nur nüchtern, sondern auch sorgfältig und umsichtig. Er kalkuliert sogar durchaus selbst ein, daß seinen Lesern gerade die von

---

[34] Prolegomena zu einer jeden künftigen Metaphysik, Ak. IV, S. 255.

ihm verwendete Ausdrucksweise »äußerst verunstaltet, widersinnig und kauderwelsch vorkommen muß«.[35]

Unter diesen Voraussetzungen verdient ein Umstand Berücksichtigung, der von den naiven, uninformierten oder halbgebildeten Verächtern der professionell geförderten Philosophie auch immer wieder einmal gerne zu deren Ungunsten vernachlässigt wird. Kant selbst war durchaus zur Hochschätzung von anderen rhetorischen Stilen der Philosophie fähig als dem von ihm in seinen Hauptwerken gepflegten: »so subtil und zugleich so anlockend zu schreiben, als *David Hume*,« wußte Kant ebenso zu schätzen wie »so gründlich und dabei so elegant als *Moses Mendelssohn*«.[36] Doch wer wie Kant mit seinem Hauptwerk bestrebt ist, »das bisherige Verfahren der Metaphysik umzuändern«,[37] sogar eine »veränderte Methode der Denkungsart«[38] herbeizuführen, blickt mehr oder weniger klar und informiert auf eine schon über zweitausend Jahre lange Geschichte dieser Metaphysik und ihrer Denkungsart zurück. Wohl hat sich Kant über den größten Teil dieser Geschichte vor allem mit Hilfe von philosophiehistorischen Standardwerken seiner Zeit aus zweiter oder dritter Hand informiert. Doch selbstverständlich hatte ihm sein in Jahrzehnten gereifter Scharfblick und Tiefblick für Subtilitäten und Abgründe in den Problemstellungen dieser Geschichte die Augen auch dafür geöffnet, daß sich sein revolutionäres Unterfangen angesichts einer extrem schwer lastenden philosophischen Tradition zu bewähren haben würde. Seine von ihm selbst geradezu als ›kauderwelsch‹ empfundenen sprachlichen und nichtsprachlichen Zumutungen an seine Leser waren auch Mittel der Distanzierung von irreführenden Potentialen dieser Tradition. Es war ihm – anders als den klassischen griechischen Stiftern dieser Tradition – nicht mehr vergönnt, mit der »Schärfe, Frische und Unbefangenheit«[39] zu philosophieren und zu formulieren, mit denen sich diese Stifter – vor allem seine wichtigsten Referenz-Autoren Platon, Aristoteles und Epikur – die gleichwohl strengen Schritte und Wege ihres ebenso anfänglichen wie ursprünglichen Denkens eröffnen konnten. Kant hat sogar selbst die hermeneutischen Erfahrungen von Widerspenstigkeit vorhergesehen,

---

[35] S. 262.
[36] Ebd., Kants Hervorhebungen.
[37] KrV, B XVIII.
[38] B XXII.
[39] Eduard Zeller, Die Philosophie der Griechen in ihrer geschichtlichen Entwicklung dargestellt, Bd. I (¹1844), 2. Aufl., Tübingen 1956, S. 41.

die seine Theorien und deren Texte seinen Lesern auf Grund von deren traditionell ganz anders strukturierten Arbeitserfahrungen in der Philosophie bereiten wird. Daß seine Theorie zumindest »ungewohnt«[40] sei, eher aber »wohl sehr widersinnig« und »befremdlich«[41], auch »übertrieben«[42] aussehe, müsse als »das Paradoxe«[43] an ihr von Anfang an einkalkuliert werden.

Bis heute hat sich für die Philosophie an ihrer großen lastenden Tradition nicht nur nichts geändert. Ganz im Gegenteil ist die dem ›Geist der Gründlichkeit‹ verpflichtete Philosophie den wahren Lernpotentialen der klassischen überlieferten Philosophie überhaupt erst nach und nach auf die Spur gekommen. Denn erst seit ungefähr an der Wende vom 19. zum 20. Jahrhundert hat dieser Geist angefangen, die theoretischen Gehalte und die methodischen Formate der überlieferten Texte der klassischen Philosophie nach und nach immer ernster zu nehmen. Die Früchte der philologischen und der historiographischen Bemühungen um eine möglichst zuverlässige Präsentation der originalen Texte hat die philosophische Forschung seither immer wieder von neuem dankbar zu Hilfe genommen. Zunehmend hat sich auf diesen Wegen gezeigt, in welchem Maß es sich lohnt, auch die mikroskopischsten Elemente dieser Gehalte und Formate mit den immer besser gewordenen hermeneutischen und analytischen Hilfsmitteln der jeweiligen Gegenwart gleichsam zum Blühen zu bringen. Erst die auf solchen Wegen wiederbelebte Fruchtbarkeit eines solchen Blühens kann die Lernpotentiale sichtbar machen, von denen auch die systematische Arbeit der Gegenwart profitieren kann.[44] Die ebenso beliebten wie leichtfertig verbreiteten Gerüchte über das Tun der Phi-

---

[40] KrV, A 36, B 53.
[41] A 114; vgl. auch A 127.
[42] A 127.
[43] B 152.
[44] Für Kants *Kritik der reinen Vernunft* ist dies in der ersten Hälfte des 20. Jahrhunderts zuerst vor allem Herbert J. Paton, Kant's Metaphysic of Experience. A Commentary on the First Half of the Kritik der reinen Vernunft. In Two Volumes (¹1936), London/New York ³1961, und Herman J. de Vleeschauwer, La déduction transcendentale dans l'œuvre de Kant. Tome IIII, Antwerpen/Paris/'S Gravenhage 1934–37, in vorbildlicher Weise gelungen; zuletzt vgl. auf der ähnlichen, aber verschärften hermeneutischen und analytischen Linie der Gegenwart Béatrice Longueness, Kant and the Capacity to Judge. Sensibiliy and Discursivity in the Transcendental Analytic of the *Critique of Pure Reason* (franz. ¹1993), Princeton 1998; Wolfgang Wieland, Urteil und Gefühl. Kants Theorie der Urteilskraft, Göttingen 2001, sowie Enskat, Urteil und Erfahrung.

losophie im Horizont ihrer Klassiker lösen sich im Licht ihrer auf diesen Wegen gewonnenen möglichst authentischen Zeugnisse fast wie von selbst auf. Doch welche Zeugnisse, die Kant seinen Lesern während der ›critischen‹ Epoche seines Denkens mit auf den Weg gegeben hat, bezeugen seine wichtigsten philosophischen und daher auch gerüchteresistentesten Orientierungen?

2. Zum Streit um Kants ursprüngliche Einsichten

Kant hat seine Arbeit in dieser Epoche seines Denkens auf Schritt und Tritt mit Reflexionen sowohl über die methodischen Möglichkeiten und Notwendigkeiten wie über die methodischen Schwierigkeiten und schließlich auch über die methodischen Risiken der philosophischen Arbeit begleitet. Eine der methodischen Schwierigkeiten ergibt sich aus dem Umstand, daß es in der philosophischen Arbeit ausschließlich darauf ankommt, »sich [...] überhaupt *im Denken*, d. i. *logisch* zu orientieren«.[45] Die Schwierigkeiten dieser logischen Form der Orientierung ergeben sich also daraus, daß es die Philosophie ausschließlich mit dem Nachdenken über den angemessenen Gebrauch von mehr oder weniger komplexen Begriffen, Gedanken, Argumenten und ganzen Theorien zu tun hat. Der bedeutende Logiker, Sprachanalytiker und Philosoph Gottlob Frege hat gelegentlich überaus anschaulich die methodische Verlegenheit erläutert, in der sich die Philosophie mit ihrer Orientierung ausschließlich ›im Denken‹ findet: »Ich bin hier nicht in der glücklichen Lage eines Mineralogen, der seinen Hörern einen Bergkristall zeigt. Ich kann meinen Lesern nicht einen Gedanken in die Hände geben mit der Bitte, ihn von allen Seiten zu betrachten. Ich muß mich begnügen, den an sich unsinnlichen Gedanken in die sinnliche sprachliche Form gehüllt dem Leser darzubieten«.[46]

Die spezifischen methodischen Risiken für die ausschließliche logische Orientierung im Denken ergeben sich daraus, daß es in diesem Medium der Begriffe, Gedanken, Argumente und Theorien im Gegensatz auch schon zu Kants Alltag nicht die technische Möglichkeit gibt, einfach einen »Compaß zur Hand zu nehmen, [...] um sich

---

[45] Was heißt sich im Denken orientieren?, Ak. VIII, S. 136.
[46] Gottlob Frege, Der Gedanke, in: ders., Logische Untersuchungen, hg. und eingeleitet von Günther Patzig, Göttingen 1966, S. 3053, hier: S. 404.

zu orientieren«, so daß man wissen könnte, ob man »nicht auf dem unrechten Weg zu wandern fortgefahren, noch auch still gestanden« oder »sich wieder an den Punkt seines Ausgangs gestellt hat«.[47] Entsprechend lange hat es gedauert, bis Kant den ›Punkt eines Ausgangs‹ gefunden hatte, der ihm erlaubte, vor allem sein von Hume geerbtes Brennpunktthema der Kausalität so zu behandeln, daß solche Orientierungsschwierigkeiten besser vermieden werden können als mit jedem anderen Ausgangspunkt.[48]

Eine irritierende Arbeitserfahrung mit dem konstruktiven Kernstück seiner Ersten Kritik hat Kant gleichwohl zunächst selbst gemacht. Über fünfzehn Jahre nach deren Publikation hat er nach dem Zeugnis eines der Teilnehmer seines Kollegs ganz freimütig berichtet, »wieviel Mühe es ihm gemacht, da er mit dem Gedanken, die Kritik der reinen Vernunft zu schreiben, umging, zu wissen, was er eigentlich wolle«.[49] Mit relativer chronologischer Bestimmtheit habe er berichtet: »Zuletzt habe er gefunden, alles ließe sich in die Frage fassen, sind synthetische Sätze a priori möglich?«.[50] Doch die werkstattgeschichtliche Pointe dieses Zuletzt besteht darin, daß er nicht etwa am Ende der rund zehnjährigen Vorarbeiten zur ersten Auflage der *Kritik der reinen Vernunft* dahin gelangt gewesen wäre, im Licht dieser Frage ›zu wissen, was er eigentlich wolle‹, bevor er sein Hauptwerk 1781 publizieren konnte. Wie subtil und daher auch schwierig die Schritte sein können, die zu einem solchen Ziel führen, zeigt der Umstand, daß Kant danach noch zwei Jahre benötigte, bis er die reife Formulierung dieser Frage »*Wie sind synthetische Erkenntnisse a priori möglich?*« in der Einführungsschrift der *Prolegomena* gefunden hatte[51] und sie erst vier Jahre später direkt mit der gründlich verbesserten zweiten Auflage seines Hauptwerks verbinden konnte.[52] Auf diese Weise hat Kant die Schwierigkeiten und die Risiken, die sich ergeben können, wenn man sich ›überhaupt im Denken, d. i. logisch zu orientieren‹ sucht, mitten in der Suche nach der leitenden Fragestellung seines ganzen Unternehmens selbst erfahren. Vor allem aus der Erfahrung mit diesem so zentralen Orientierungsproblem hat er die nüchterne methodologische Einsicht gewonnen:

---

[47] Vorarbeiten und Nachträge, Ak. XX, S. 261.
[48] Vgl. unten Abschn. 3.3.–3.4.
[49] Vorlesungen über Logik, Ak. XXIV, 1.2, S. 783–784.
[50] S. 384.
[51] Vgl. Prolegomena, Ak. IV, S. 276; aber auch S. 278.
[52] Vgl. KrV, B 19.

»Man gewinnt dadurch schon sehr viel, wenn man eine Menge von Untersuchungen unter die Formel einer einzigen Aufgabe bringen kann«.[53]

Indessen findet man sich mit diesem Zeugnis von Kants verspätet gefundener Programmfrage bei genauerem Hinsehen auch schon an einem der verborgensten Punkte der nahezu hyper-komplexen Untersuchungen, die der Beantwortung dieser Frage dienen sollen. Denn diese Frage gewinnt selbstverständlich da ihre größte Aktualität, wo es auf jene letzten Schritte ankommt, die unmittelbar zu ihrer Beantwortung führen. Alleine der buchtechnische Umfang der Seiten, auf denen die unmittelbare Aktualisierung und Beantwortung dieser Frage auf höchst weitläufigen Wegen vorbereitet wird, umfaßt in beiden Auflagen der Ersten Kritik rund einhundertfünfzig Seiten. Immerhin kann man diese weitläufigen Wege mit einem vorläufigen Kunstgriff überspringen. Denn Kant hat eine Formel zur Verfügung gestellt, mit deren Hilfe sich eine aufschlußreiche Pointe gewinnen läßt. Sie informiert über das Ziel des konstruktiven Teils der Ersten Kritik und gleichzeitig über den Inhalt der so extravagant apostrophierten synthetischen Urteile a priori. Denn diese Urteile formulieren »die Bedingungen der *Möglichkeit der Erfahrung*« und zugleich »die Bedingungen der *Möglichkeit der Gegenstände der Erfahrung*«.[54] Mit dieser Formel gibt Kant, wie der Rückblick zeigen kann, unmißverständlich nicht mehr und nicht weniger als das Hauptthema des konstruktiven Ersten Teils der Ersten Kritik – also seiner Theorie der Erfahrung – zu verstehen.

Doch als die planmäßige Kant-Forschung im letzten Drittel des 19. Jahrhunderts ihren Anfang nahm, war die Philosophie schon länger unter einen verführerischen Rechtfertigungsdruck geraten. Die atemberaubenden Erfolge der Erfahrungswissenschaften, vor allem der naturwissenschaftlichen Forschung und ihrer technischen Anwendungen seit dem 17. und dem 18. Jahrhundert – nicht zuletzt auch die Anfänge der klinischen Forschung in der zweiten Hälfte des 19. Jahrhunderts – schienen der Antwort auf die Frage nach dem Fortschritt der Philosophie selbst ein Armutszeugnis auszustellen. Ihr nahezu sprichwörtlicher Streit scheint zumindest ein ernstzunehmendes Indiz für ein Fortschrittshindernis zu sein. Allerdings übersieht man nur allzu leicht, daß an der sogenannten Forschungsfront

---

[53] Ebd.
[54] A 158, B 197, Kants Hervorhebungen.

der Naturwissenschaften und der Medizin – also der klinischen Forschung – regelmäßig nicht weniger Streit herrscht als in der Philosophie.

In der Situation des 19. Jahrhunderts verstand es der erste bedeutende Kant-Forscher Hermann Cohen, den von den empirischen Wissenschaften ausgehenden fortschrittskritischen Rechtfertigungsdruck auf die Philosophie mit Hilfe eines ingeniösen Kunstgriffs zu unterlaufen. In seinem Buch *Kants Theorie der Erfahrung*[55] macht er die Erfahrungswissenschaften darauf aufmerksam, daß sie sich mit jedem ihrer Schritte auf Voraussetzungen ihrer Erfolgsträchtigkeit verlassen müssen, über die sie grundsätzlich nicht in Formen Rechenschaft ablegen können, die ihren eigenen Maßstäben für methodische Kontrollierbarkeit auch nur annäherungsweise genügen würden. Mit diesem Kunstgriff trug Cohen daher maßgeblich dazu bei, daß die rasant wachsenden faktischen Fortschritte vor allem der naturwissenschaftlichen Forschung und ihrer ebenso rasant wachsenden technischen Anwendungen ihrerseits einer legitimatorischen Frage ausgesetzt werden konnten: Wodurch ist der Optimismus gerechtfertigt, mit dem sich sowohl Naturwissenschaftler wie die Mitglieder der sich industrialisierenden Gesellschaft darauf verlassen, daß diese Formen des Fortschritts auf Dauer gestellt sind, wenn ihnen noch nicht einmal in wirklich durchsichtigen Formen die Voraussetzungen klar sind, von denen auch bloß die Möglichkeit der Erfahrung abhängt, von deren Fruchtbarkeit diese Formen des Fortschritts abhängen? Doch gleichzeitig mit dieser Skepsis gibt Cohen Kants Erste Kritik zum ersten Mal als das einzigartige Medium zu bedenken, in dem man lernen könne, sich über diese Voraussetzungen in gründlichen Formen Rechenschaft abzulegen. Die Frage, ob und gegebenenfalls inwiefern Kants Theorie ihrerseits einen essentiell konstruktiven Beitrag zur Beantwortung der Frage nach den Bedingungen der Fruchtbarkeit der empirischen Forschung bereithält, wurde in diesem frühen Stadium der Kant-Forschung allerdings noch nicht gestellt.[56] Jedenfalls war Kants *Kritik der reinen Vernunft* mit Cohens Ansatz zum ersten Mal eine Schlüsselrolle in dem neuzeitlichen Spannungsfeld zugedacht worden, in dem Legitimationsprobleme des wissenschaftsorientierten Fortschrittsoptimismus zutage traten.

---

[55] Hermann Cohen, Kants Theorie der Erfahrung, Berlin ¹1871.
[56] Zur Beantwortung dieser Frage durch Kant vgl. unten S. 85–96.

Wie tief diese Auffassung im 19. Jahrhundert sogar schon in das ikonographische Bewußtsein der gebildeten Zeitgenossen diffundiert war, zeigt das von der Universität Bonn in Auftrag gegebene, von dem Maler Peter Cornelius konzipierte und von dessen Schüler Jakob Götzenmeier für die Aula entworfene Wandgemälde, das die Philosophische Fakultät mit dem Titel *Die Philosophie* repräsentieren sollte. Denn hier findet sich im prominenten Vordergrund der römisch gewandete Kant in nahezu vertraulicher Nachbarschaft mit Isaac Newton. In diesem Rahmen figuriert er mit anschaulicher Offensichtlichkeit als der bedeutendste philosophische Fundierungsdiener von dessen revolutionären *Principia Mathematica philosophiae naturalis* von 1687. Doch wie das in den dreißiger Jahren des 20. Jahrhunderts aus Kants Nachlaß publizierte *opus postumum* mehrfach zeigt, war Kant zu der festen Überzeugung gelangt, daß es so etwas wie *mathematische* Prinzipien der Naturphilosophie grundsätzlich nicht geben könne.[57] Vor allem zeigen seine mit Absicht im Centenarium 1787 von Newtons Werk veröffentlichten *Metaphysischen Anfangsgründe der Naturwissenschaft*, wie nach seiner Auffassung der funktionale Anteil der Philosophie an der Klärung von Grundfragen der Naturwissenschaft konzipiert werden müsse. Innerhalb seiner Theorie der Erfahrung gibt es lediglich einen einzigen unauffälligen, aber tiefgründigen indirekten Zusammenhang mit Newtons Gravitations-Theorie. Denn unter den von Kant formulierten Bedingungen der Möglichkeit der Erfahrung formuliert er auch eine, die er im so apostrophierten *Grundsatz des Zugleichseins nach dem Gesetze der Wechselwirkung* zur Sprache bringt. Die beiden in Newtons Gravitations-Gleichung berücksichtigten Massen m_1 und m_2 bilden innerhalb dieser Gleichung empirische Musterbeispiele für Träger von spezifisch gravitierenden Wechselwirkungen. Trotzdem bildet der von Kant formulierte *Grundsatz* nicht etwa so etwas wie eine lediglich abstraktere Darstellung der spezifisch gravitierenden Wechselwirkung zwischen den Massen solcher Paare. Er behauptet ausschließlich, daß Erfahrung nur dann möglich ist, wenn zwischen beliebigen paarweisen Trägern von Zuständen und Zustandsänderungen empirisch ermittelbare Wechselwirkungen bestehen. Die spezifisch gravitierenden Wechselwirkungen zwischen paarweisen Massen m_1 und m_2 bilden im Rahmen von Newtons Gravitations-Gesetz lediglich die geschichtlich erste, aber deswegen auch revolutionäre empirische

---

[57] Vgl. Opus postumum, Ak. XXI, S. 67 ff., XXII, S. 58 ff.

Entdeckung einer berechenbaren Wechselwirkung. Die von Kant in seinem *Grundsatz* formulierte notwendige Bedingung der Möglichkeit der Erfahrung wird daher genauso mit Blick auf alle anderen Fälle von Wechselwirkungen formuliert, die mit empirischen – also auch mit experimentellen Mitteln – und mathematischen Mitteln von der Physik entdeckt werden können.

Indessen hat sich gerade im Zuge des von Cohen so eindrucksvoll inaugurierten wissenschaftsphilosophischen Zweigs der Kant-Forschung alsbald gezeigt, daß gerade die spezifisch wissenschaftsphilosophischen Prämissen seiner Auslegung trotz aller Subtilität und Energie seiner Untersuchungen ihrerseits zu stark im Bann des wissenschaftsorientierten Fortschrittsoptimismus seiner Zeit standen. Zu verführerisch in dieser Richtung waren allerdings Kants Fragen, »Wie ist reine Mathematik möglich?«[58] und »Wie ist reine Naturwissenschaft möglich?«,[59] aber auch seine wissenschaftshistorischen Anspielungen auf naturwissenschaftsgeschichtliche Symbolgestalten wie Galilei, Torricelli und Stahl.[60] In der Atmosphäre des allgemeinen Wissenschaftsoptimismus des 19. Jahrhunderts luden sie nur allzu gezielt zu einer Interpretation ein, die seine Theorie der Erfahrung in einen wie auch immer ›critischen‹ Fundierungsdienst an den blühenden und fruchtbaren Erfahrungswissenschaften zu stellen sucht. Außerdem kann auch nicht gut bestritten werden, daß naturwissenschaftliche Forschungen sich mehr oder weniger stillschweigend auf die Tragfähigkeit der einen und anderen Variante eines Substanzerhaltungs-Prinzips verlassen, das in Kants Theorie durch den »Grundsatz der Beharrlichkeit der Substanz«[61] repräsentiert wird. Doch welche in der Natur vorkommende Entität endgültig als Träger einer Beharrlichkeit in Frage kommt, die gegenüber allem möglichen Wandel in der Natur universell invariant ist – die wägbare Masse, die Energie oder etwas anderes –, ist nach mehreren vorläufigen empirischen Hypothesen bis heute nicht nur nicht endgültig entschieden. Es ist auch fraglich, ob diese Frage mit den empirischen Mitteln der Hypothesenbildung jemals anders beantwortet werden kann als mit Hilfe einer Hypothese, die zu ihrer jeweiligen Zeit zwar besser bewährt ist als jede andere, aber immer wieder von neuem bloß vor-

---

[58] Prolegomena, Ak. IV, S. 280–294.
[59] S. 294–326.
[60] Vgl. KrV, B XII–XIII.
[61] Vgl. A 182, B 224 ff.

läufig gültig ist. Ebenso stillschweigend verlassen sich vor allem die experimentellen Disziplinen auf die eine oder andere Variante eines Kausalitätsprinzips, das in Kants Theorie ebenfalls durch ein »Gesetz der Verknüpfung von Ursache und Wirkung«[62] repräsentiert ist.[63] Denn jede noch so unscheinbare alltägliche Manipulation von irgendwelchen Dingen der natürlichen Welt setzt ein solches ›Gesetz‹ ebenso voraus wie jedes noch so komplizierte wissenschaftliche Experiment. Doch durch noch so viele empirisch registrierte Einzelfälle solcher alltäglichen Handlungs-Kausalität oder wissenschaftlich-experimentellen Kausalität wird man nicht endgültig begründen können, daß grundsätzlich alle Handlungen und alle Experimente diese kausale Struktur besitzen. Daher werden dem so apostrophierten Kausalitäts-Prinzip unter Naturwissenschaftlern die unterschiedlichsten Status-Eigenschaften zugeschrieben: Für den einen fungiert es nur »als methodischer Grundsatz«,[64] für einen anderen als »claim of causality in ordinary physics« bzw. als »usual demand for [...] causality«[65] oder als »ein heuristisches Prinzip, ein Wegweiser«.[66] Doch welche dieser methodologischen Status-Eigenschaften es auch haben mag, es läßt sich in jedem dieser Fälle, wie Max Planck mit skeptisch motiviertem Scharfsinn zu bedenken gibt, »ebenso wenig beweisen wie [...] widerlegen, es ist also weder richtig noch falsch«.[67]

Es war indessen nur eine Frage der Zeit, bis die Kant-Forschung den subtilen und gleichzeitig gravierenden Mißverständnissen einer strikt wissenschaftsphilosophischen Auslegung der Ersten Kritik auf die Spur kommen konnte. Seit 1900 wurde sie in diesem Unterfangen von der kritischen Ausgabe von *Kant's gesammelten Schriften*[68] immer materialreicher unterstützt. Vor allem Kants Werkstatt-Notizen aus seiner rund zehnjährigen Vorarbeit von 1770–1780 an den

---

[62] A 188, B 232 ff.

[63] Eine vorzügliche Behandlung dieser beiden Prinzipien aus der Feder eines bedeutenden Mathematikers und Naturwissenschaftlers findet sich nach wie vor bei Hermann Weyl, Philosophie der Mathematik und der Naturwissenschaften (¹1928), Braunschweig ³1966, S. 210–276; vgl. zu Weyls Erörterungen auch unten S. 37 f.

[64] Weyl, Philosophie, S. 246.

[65] Niels Bohr, The Quantum of Action and the Description of Nature (¹1929), in: ders., Atomic Theory and the Description of Nature, Cambridge 1961, S. 105 bzw. 107.

[66] Max Planck, Die Kausalität in der Natur (¹1932), in: ders., Vorträge und Erinnerungen, Darmstadt 1973, S. 268.

[67] Ebd.

[68] Vgl. Kant's gesammelte Schriften (sog. Akademie-Ausgabe = Ak.), Berlin 1900 ff.

Themen der späteren *Kritik der reinen Vernunft* – die so apostrophierten *Reflexionen*[69] – haben entscheidend zu dieser Spurensuche beigetragen. Knapp zwei Generationen nach Cohens wissenschaftsphilosophischem Versuch konnte der erste ebenso subtile wie energische systematische Kommentar von diesem reichen Material profitieren und mit seinen Korrekturen an zwei neuralgischen Punkten ansetzen: Innerhalb von Kants Erster Kritik bilde das Prinzip »of permanent substance […] a necessary presupposition, *not only* of […] physics, but of *ordinary everyday experience*«;[70] ebenso bilde das Prinzip der Kausalität in diesem Rahmen »one of the most fundamental, if not indeed the most fundamental, of all the presuppositions accepted *alike* by science *and by ordinary experience*«.[71] Damit war der einseitige, strikt wissenschaftsphilosophische Bann gebrochen, mit dem die weltanschaulichen Kämpfe des ausgehenden 19. Jahrhunderts die Auseinandersetzung mit Kants Erster Kritik zunächst belegt hatten: Man kann die Bedeutsamkeit – also die Tragfähigkeit und die Lernpotentiale – von Kants Theorie der Erfahrung nur dann angemessen einschätzen, wenn man sie daran bemißt, wie sie durch ihre Klärung der Struktur der alltäglichen Erfahrung erst in zweiter Linie – aber das nicht weniger strikt – auch zur Klärung der Struktur der wissenschaftsspezifischen Erfahrung beiträgt. Paton macht daher implizit darauf aufmerksam, daß Cohen mit seiner Verkürzung der Struktur der Erfahrung auf die vor allem in den Naturwissenschaften kultivierte Erfahrung im Grunde einen Streit mit Kant selbst entfacht, indem er diesen Streit in die Anfänge der Kant-Forschung trägt. Diese wissenschaftsphilosophischen Präokkupationen der Lektüre von Kants Hauptwerk wurden sogar noch eine Generation nach ihrer trefflichen Relativierung durch Paton von Jürgen Habermas mit Hilfe desselben, wenngleich überaus klangvoll formulierten Mißverständnisses reproduziert, daß »seit Kant Wissenschaft philosophisch nicht mehr ernstlich begriffen worden ist«.[72] Daß Kant

---

[69] Vgl. Reflexionen, Ak. XIV–XIX.

[70] Paton, Experience II, S. 218, Hervorhebungen R. E.

[71] S. 221, Hervorhebungen R. E.

[72] Jürgen Habermas, Erkenntnis und Interesse, Frankfurt/Main 1968, S. 12; hier schließt er sich der Autorität seines langjährigen Mentors an, in dessen Auffassung das konstruktive Kernstück der *Kritik der reinen Vernunft* mit dem längst obsolet gewordenen Mißverständnis reproduziert wird, daß es »als Theorie wissenschaftlicher Urteile auf[tritt]«, Theodor W. Adorno, Negative Dialektik (¹1966), wieder abgedr. in: ders., Schriften 6, hg. v. Rolf Tiedemann, Frankfurt/M. 1996, S. 7–412; hier:

ein ›ernstliches Begreifen von Wissenschaft‹ nur durch einen ingeniösen propädeutischen, aber mikro-analytischen Rekurs auf die Struktur von unser aller gemeinsamer *ordinary experience* gelingt, bleibt solchen wissenschaftsphilosophischen Präokkupationen verborgen.

Die weltanschaulichen und kämpferischen Züge des wissenschaftsphilosophischen Banns, in den Kants Theorie gegen Ende des 19. Jahrhunderts gezogen war, werden besonders schlagend deutlich, wenn man die Bemühungen berücksichtigt, die Philosophen wie Wilhelm Dilthey, Heinrich Rickert und Wilhelm Windelband um die Wende zum 20. Jahrhundert in die methodologischen Abgrenzungen der Naturwissenschaften und der neu apostrophierten Geisteswissenschaften investiert hatten.[73] Vor allem Auffassungen Diltheys haben zu dem bis heute hartnäckig sich haltenden Mißverständnis – oder Gerücht – geführt, die Philosophie sei in demselben Sinne eine Geisteswissenschaft wie die historischen Disziplinen – also wie z. B. die Geschichtswissenschaft, die Literaturwissenschaften, die Philologien, die Kunstgeschichte und die Musikwissenschaft, aber auch die Theologie, deren Hauptgeschäft die Auslegung der diversen überlieferten und für die Religionen maßgeblichen symbolischen Bücher bildet. Der vor allem theologisch ausgebildete Dilthey blieb in den methodologischen, hermeneutischen Präokkupationen der Bibelauslegung seiner theologischen Grundausbildung befangen.

Gewiß bietet das Vorurteil – oder das Gerücht –, die Philosophie sei eine historisch-philologisch arbeitende Geisteswissenschaft, oberflächlich orientierten Beobachtern manchen irreführenden Blickfang. Denn es ist zweifellos unübersehbar, daß sie sich in ihrer alltäglichen

---

S. 374; vgl. auch S. 379–381. Sogar ein so erfahrener Leser und Interpret der überlieferten philosophischen Texte wie Hans-Georg Gadamer, Das Problem der Geschichte in der neueren deutschen Philosophie, in: ders., Kleine Schriften I. Philosophie/Hermeneutik, Tübingen 1967, S. 110, beurteilt Kants *Kritik der reinen Vernunft* irrtümlich unter den Vorzeichen »seiner erkenntnistheoretischen Frage nach der Begründung der Wissenschaft«, S. 2.
[73] Vgl. Wilhelm Dilthey, Abhandlung zur Grundlegung der Geisteswissenschaften (¹1894), in: ders., Gesammelte Schriften, Bd. V, Göttingen 2006, sowie ders., Die Entstehung der Hermeneutik, in: dass., S. 318–338; Heinrich Rickert, Die Grenzen der naturwissenschaftlichen Begriffsbildung. Eine Logische Einleitung in die historischen Wissenschaften, Freiburg 1896; Wilhelm Windelband, Geschichte und Naturwissenschaft. Straßburger Rektoratsrede 1894, Heidelberg 1910; zu Diltheys irreführenden Auffassungen von den Möglichkeiten, Aufgaben und Grenzen philosophischer Arbeit vgl. auch oben S. 20.

Arbeit ähnlich wie die nominellen philologischen und historischen Disziplinen mit den Texten beschäftigt, die von der klassischen griechischen Philosophie des fünften vorchristlichen Jahrhunderts bis ins 19. Jahrhundert überliefert worden sind. Es liegt daher auf der Hand, daß sie die äußere Gestalt dieser Texte angesichts von deren komplizierten Überlieferungsgeschicken – *habent sua fata libelli* – denselben historisch-kritischen Fragen und Kriterien ihrer Authentizitätsgrade unterwerfen muß, die in den gleichzeitigen philologischen und historischen Disziplinen auf dem jeweils besten methodischen Niveau kultiviert werden. Es ist kein Zufall, daß diese historisch-kritische Erforschung überlieferter philosophischer Texte ebenso bei den Texten der Vorsokratiker und denjenigen Platons wie bei denen Kants ungefähr in dem halben Jahrhundert zwischen 1875 und 1925 begann.

Von der seitdem wachsenden historisch-kritischen Verläßlichkeit der Texte der philosophischen Überlieferung hat die Arbeit der Philosophie an ihren genuinen Aufgaben seither enorm profitiert. Denn nur auf dem Boden einer solchen Verläßlichkeit kann sie auch darauf vertrauen, daß man durch die Auseinandersetzung mit ihnen immer wieder von neuem – und auch immer besser – lernen kann, was die genuine Aufgabe der Philosophie ist. Kant hat indessen selbst mit unüberhörbarem Sarkasmus vor einer sich daraus ergebenden Verführung zu einer Verfallsform der Arbeit der Philosophie gewarnt: »Es gibt Gelehrte, denen die Geschichte der Philosophie (der alten sowohl als neuen) selbst ihre Philosophie ist«.[74] Doch unter den an unseren Universitäten beheimateten Disziplinen ist die Philosophie die Disziplin, die mit ihren für sie charakteristischen methodischen Einstellungen grundsätzlich ganz andere Wege geht nicht nur als alle anderen hier ebenso beheimateten Disziplinen – also auch ganz andere Wege als die historisch-philologischen Wissenschaften, die sogenannten Geisteswissenschaften. Sie geht auch ganz andere Wege als das Denken der Menschen in ihrer alltäglichen Lebenswelt und in den Wissenschaften: »Philosophie ist die Reflexion auf die Bedingungen der Möglichkeit genau dessen, was in jeder anderen als der philosophischen Einstellung für selbstverständlich gehalten wird«.[75] Diese Arbeitsdefinition der Philosophie nimmt aus guten

---

[74] Prolegomena, Ak. IV, S. 255.
[75] Günther Patzig, Vorwort, in: Gottlob Frege, Funktion, Begriff, Bedeutung. Fünf

Gründen die Formel von den *Bedingungen der Möglichkeit* zu Hilfe, die Kant mit der Programmformel für seine Theorie der Bedingungen der Möglichkeit der Erfahrung in geradezu klassischer Weise – wenngleich unintendiert – auch für alle anderen möglichen Themen des Philosophierens eingeführt hat.[76] Das Thema der philosophischen Reflexion bilden allerdings nicht die diversen Selbstverständlichkeiten als solche, von denen wir diesseits der Philosophie in allen wissenschaftlichen und allen nichtwissenschaftlichen Einstellungen Gebrauch machen. Ihre Fragen gelten den Bedingungen der Möglichkeit dafür, daß sich die Menschen diesseits der Philosophie seit unvordenklichen Zeiten mit offensichtlich hinreichendem Erfolg auf unzählige Selbstverständlichkeiten verlassen, ohne sich über die Gründe der Möglichkeit dieser erfolgsträchtigen Verläßlichkeit Rechenschaft abzulegen. Doch spätestens mit den vielgeschmähten Sophisten des fünften vorchristlichen Jahrhunderts begann eine skeptische Form des Streits um solche Selbstverständlichkeiten, die sich mit dem puren Faktum des Vertrauens auf deren erfolgsträchtige Verläßlichkeit nicht mehr abfinden wollte. Platon formuliert daher gleich in einem seiner ersten Dialoge sogar die klassische skeptische Form des spezifisch philosophischen Anteils an diesem Streit: Er fragt, worüber zu streiten sich so sehr lohnt, daß die Streitenden sogar Gegnerschaft und unversöhnliche Feindschaft mit ernstzunehmenden Gründen in Kauf zu nehmen bereit sein können.[77]

Mit markanten Worten und kraftvollen Bildern knüpft Kant an dieses genuin philosophische Motiv des Streitens an. Die Abschnitte des zweiten Hauptteils der Ersten Kritik, in denen er auf seine bis dahin abgeschlossene Theorie der Erfahrung zurückblickt, geben ihm hierfür die erste Gelegenheit. Er gibt hier unmißverständlich zu verstehen, warum die Arbeit an der Klärung der Struktur der Erfahrung von einer einen solchen Streit rechtfertigenden »Wichtigkeit der Erkenntnis« ist, »deren wir bedürfen«.[78] Denn die Einsichten in die Struktur der Erfahrung bedürfen einer Einsicht, die garantiert, daß man »sich ganz und gar in den Schranken *möglicher* Erfahrung

---

logische Studien (Herausgegeben und eingeleitet von Günther Patzig) (¹1964), Göttingen ²1966, S. 3–15, hier: S. 14.
[76] Vgl. unten *Selbstverständlichkeiten diesseits und jenseits der Grenzen zur Philosophie. Das Kantische Paradigma*, S. 100–123, bes. S. 102 f.
[77] Platon, Euthyphron 7a–d.
[78] Prolegomena, Ak. IV, S. 274.

hält«.[79] Diese Beschränkung zu respektieren, ist so außerordentlich wichtig für den schrittweisen Erwerb von Anteilen am »absolute[n] Ganze[n] aller möglichen Erfahrung«,[80] weil die Struktur der Erfahrung sowohl das Alltagsleben wie die wissenschaftliche Arbeit in wichtigen Grundzügen trägt (vgl. hierzu unten Abschn. 3.3.). Doch ein um wirkliche Anteile an der möglichen Erfahrung bemühtes Subjekt ist diesen Bemühungen in der Regel so intensiv und gleichzeitig so unreflektiert hingegeben, daß es »über die Quellen seiner eigenen Erkenntnis nicht nachsinnt«.[81] Es ist daher auch nicht in der Lage, die durch diese Quellen vorgezeichneten »Grenzen [...] zu bestimmen, und zu wissen, was innerhalb und außerhalb [ihrer] ganzen Sphäre liegen mag«.[82] Die Möglichkeit, die Quellen und die Grenzen der ihm möglichen Erfahrung zu respektieren, kann erst »der [...] gehörig durch Kritik gezügelten Urteilskraft«,[83] gelingen, also der Urteilskraft, die erst durch die *Kritik der reinen Vernunft* gehörig gezügelt wird. Denn erst im Besitz einer solchen Urteilskraft werden wir »doch wenigstens einen Probierstein der Richtigkeit haben«,[84] der uns in jedem Einzelfall hilft zu beurteilen, ob wir wirklich oder nur scheinbar an einer möglichen Erfahrung teilhaben. Ohne diese ›critisch‹ gezügelte Urteilskraft sind alle Bemühungen, am ›absoluten Ganzen aller möglichen Erfahrung‹ immer wieder von neuem wenigstens schrittweise teilzuhaben, sowohl im alltäglichen Leben wie in der wissenschaftlichen Forschung einem beständigen Risiko ausgesetzt. Denn wenn die Bemühungen um wirklich Teilhabe an der möglichen Erfahrung auf die »Schranken möglicher Erfahrung« bzw. »auf die Grenzen des Bodens [...] nicht genug achtha[ben]«,[85] innerhalb von dessen Grenzen wirkliche Erfahrung allein möglich ist, dann führen sie uns mit dem »Blendwerke einer Erweiterung«[86] möglicher Erfahrung in die Irre. Denn »das fruchtbare *Bathos* der Erfahrung«[87] – also der fruchtbare Boden der Erfahrung – ist »umgeben von einem weiten und stürmischen Ozeane, dem eigentlichen Sitz des Scheins, wo

---

[79] KrV, A 296, B 352.
[80] Prolegomena, Ak. IV, S. 327.
[81] KrV, A 238, B 297.
[82] Ebd.
[83] A 296, B 352.
[84] A 295, B 252.
[85] Ebd.
[86] Ebd.
[87] Prolegomena, Ak. IV, S. 373*, Kants Hervorhebung.

manche Nebelbank, und manches bald wegschmelzende Eis neue Länder lügt«.[88]

Eine paradigmatische Nebelbank dieses Typs löst sich noch während Kants Lebenszeit auf, als die Hypothese der Existenz eines so apostrophierten Wärmestoffs durch die experimentell gelungene Entdeckung des Sauerstoffs und seines ursächlichen Anteils an den Wärme erzeugenden Verbrennungsprozessen von Chemikern entkräftet wurde. Auf ein entsprechendes ›zum Abschmelzen verurteiltes Eis‹ hat Kant sich sogar selbst begeben, als er lange Zeit intensiv und ausführlich über die physikalischen Eigenschaften eines die Ausbreitung des Lichts tragenden Äthers nachdachte. Und der Vorurteils-Haushalt unseres Alltagslebens ist bekanntlich trotz aller Fortschritte der naturwissenschaftlichen Forschung bis in unsere Gegenwart stets angefüllt mit unzähligen solcher Nebelbanke und nur schwer zum Schmelzen zu bringender Eismassen.

Nicht erst unsere Gegenwart zeigt, wie sich spätestens in der gesellschaftlichen Öffentlichkeit zwischen naturwissenschaftlichen Experten und Laien die von Platon beschworenen Formen des Streits entwickeln können, in denen sich Gegnerschaft und unversöhnliche Feindschaft sogar an der Frage nach der Wirklichkeit bzw. Scheinbarkeit einer Erfahrung entzünden können, der eine Hypothese der jüngsten naturwissenschaftlichen Forschung auf die Spur gekommen ist. Kein Geringerer als Galilei hat die Tragweite von Streitigkeiten mit diesem Thema als einer der ersten unmißverständlich zur Sprache gebracht: »Über die Einführung von Neuerungen. Wie kann man zweifeln, daß es zu den schwersten Ärgernissen führen muß, wenn die von Gott geschaffenen freien Geister gezwungen werden sollen, sich sklavisch fremdem Willen zu unterwerfen. […] Wenn man Leute, die jeder Sachkenntnis ermangeln, zu Richtern über Fachmänner macht und ihnen eine Autorität verleiht, vermöge deren sie diese nach ihrem Gutdünken behandeln? *Das* sind die Neuerungen, welche den Ruin eines Gemeinwesens, die Untergrabung eines Staats herbeiführen können«.[89] Galilei hatte bekanntlich genügend Anlaß für seine Sorge. Als die Erde im 17. Jahrhundert durch Indizien der damals

---

[88] KrV, A 235, B 295.
[89] Galilei, Galileo: Dialog über die Weltsysteme (Auswahl). Handschriftliche Zusätze (¹1610), in: ders., Sidereus Nuncius. Nachricht von neuen Sternen / Dialog über die Weltsysteme (Auswahl) / Vermessung der Hölle Dantes / Marginalien zu Tasso, hg. v. Hans Blumenberg, Frankfurt/Main 1965, S. 226–228, hier: S. 226, Hervorhebung R. E.

richtungweisenden astrophysikalischen Forschung aus dem Zentrum ihres christlichen Weltbildes in eine exzentrische Bahn um das neu sich abzeichnende Sonnen-Zentrum versetzt wurde, waren solche öffentlichen Gegnerschaften und Feindschaften um die Frage der Erfahrungswirklichkeit dieser Hypothese geradezu vorprogrammiert;[90] auch Galileis eigene Entdeckung von Trabanten des Planeten Jupiter konnte feindseligen Streit um die Legitimität auslösen, mit der naturwissenschaftliche Forschungsmethoden und Hypothesenbildungen in Konkurrenz zu religiösen und theologisch sowie kirchlich sanktionierten Vorstellungen vom Kosmos in Konkurrenz treten;[91] als im 19. Jahrhundert Charles Darwin mit der ersten empirisch wohlangereicherten evolutionsbiologischen Hypothese über die unmittelbare Herkunft des leibhaftigen Menschen aus dem Tierreich das christliche Schöpfungsbild erschütterte, war ein bis heute andauernder gegnerschaftlicher und teilweise unversöhnlich feindseliger Streit ausgelöst worden; und seit sich die von der physikbasierten Meteorologie gewonnenen Indizien für einen weite Teile der Erde und deren Bewohner bedrohenden Klimawandel mehren, ist ein solcher öffentlicher Streit über die Wirklichkeit bzw. Scheinbarkeit einer solchen sich abzeichnenden Erfahrung bis in die Aporien der Weltpolitik vorgedrungen.[92] Unter solchen Vorzeichen können sich auch den Zaungästen der Philosophie die Augen dafür öffnen, daß Kant seine Arbeit an der Klärung der Struktur der Erfahrung zu Recht an der »Wichtigkeit der Erkenntnis« orientiert hat, »deren wir bedürfen«,[93] um einen ›Probierstein der Richtigkeit‹ zu besitzen, mit dessen Hilfe unsere ›durch Kritik gezügelte Urteilskraft‹ zwischen Möglichkeit und Wirklichkeit sowie Fruchtbarkeit und Scheinbarkeit einer von wem auch immer in Anspruch genommenen Erfahrung unterscheiden kann.

Unter diesen Umständen kann die sachliche Bedeutsamkeit gar nicht überschätzt werden, die der philosophischen Forschung durch die trefflichen Hinweise Herbert James Patons vermittelt worden

---

[90] Vgl. hierzu Wolfgang Wieland, Wissenschaft im Fadenkreuz der Aufklärung. Zur Tragweite des hypothetischen Denkens, in: Aufklärung und Wissenschaft. Acta Historica Leopoldina Nr. 57, Hg. R. Enskat, A. Kleinert. Halle (Saale) 2011, S. 99–130.
[91] Vgl. Galilei, hg. v. Hans Blumenberg, S. 74–129, bes. S. 81–85, 108–129.
[92] Zur Analyse dieses Streits vgl. die scharfsinnigen Erörterungen von Jens Gillessen, Aufklärung durch die Klimawissenschaften. Worüber und Wozu?, in: Wissenschaft und Aufklärung / Science and Enlightenment, Zeitschrift für Angewandte Philosophie, Hg. R. Enskat und O. R. Scholz, Göttingen 2018, S. 127–148.
[93] Prolegomena, Ak. IV, S. 274.

sind, der als erster mit gewichtigen Ausführungen auf die Schlüsselrolle der primären Orientierung von Kants Theorie an der Struktur
der Alltagserfahrung aufmerksam gemacht hat. Denn sofern primär
die Alltagserfahrung von dieser Struktur getragen wird, wird auch
die wissenschaftliche Erfahrung womöglich *nur deswegen* von ihr
getragen, weil sie auch die Alltagserfahrung trägt: Man *kann* sich
zugunsten der wissenschaftlichen Erfahrung nur deswegen von Anfang an mit berechtigtem Zutrauen an ihr orientieren, *weil* sich die
Orientierung an ihr zugunsten der Alltagserfahrung schon seit
unvordenklichen Zeiten immer wieder von neuem bewährt hat. Mit
seinen trefflichen Hinweisen belebt Paton nicht nur in richtung-
weisender Form Kants eigene unmißverständliche Kommentare zur
paradigmatischen Struktur der ›gemeinsten Erfahrung‹ in Form der
von ihm apostrophierten *Erfahrungsurteile.*[94] Kants Musterbeispiele
für konkrete Fälle, in denen wir im Alltag an der Erfahrung vor allem
der Kausalität durch solche Erfahrungsurteile teilhaben, gehören unmittelbar in seine Arbeit an der Überwindung von David Humes
gleichwohl epochaler Kausalitäts-Skepsis. Außerdem sind diese
Musterbeispiele für Fälle alleralltäglichster Kausalität auch für jeden
Leser von aufschlußreicher Einfachheit: »Die Sonne weicht das
Wachs« sowie »Die Sonne härtet den Ton«[95] und »Die Sonne erwärmt den Stein«.[96] Gerade durch ihre Einfachheit machen sie darauf
aufmerksam, daß man insbesondere nach der Struktur der Kausalität
– und damit nach einer der zentralen Bedingungen der Möglichkeit
der Erfahrung – nicht erst in den immer komplexer werdenden Sätzen, Theorien und Experimenten der modernen Naturwissenschaft
suchen muß, sondern in einem ganz anderen Medium: »Unsere
gemeine Sprache enthält schon alles das, was die Transzendentalphilosophie mit Mühe herauszieht«.[97] Kants Behandlung der Struktur der Kausalität – und damit einer Schlüsselbedingung möglicher
Erfahrung – hängt wesentlich von seinem analytischen Spürsinn für
die Struktur ab, die sich in solchen simplen umgangssprachlichen
Verschlüsselungen dieser Struktur durch kausale Prädikate wie ...
erwärmt - - -, ... *weicht* - - - und ... *härtet* - - - in gewisser Weise sowohl zeigt wie auch verbirgt.

---

[94] Vgl. bes. S. 297–308.
[95] KrV, A 765, B 793–A 766, B 794.
[96] Prolegomena, Ak. IV, S. 301* bzw. 305*.
[97] Kleinere Vorlesungen, Ak. XXIX. 1, S. 804.

Nun hatte Cohen wenigstens in der ersten Auflage seines thematischen Pionierwerks selbst zu bedenken gegeben, daß der Philosophie durch Kants Erste Kritik »die Erfahrung als ein Rätsel aufgegeben [wird]«[98]. Doch faktisch gibt er der Behandlung dieses Rätsels eine gegen die unmißverständlichen Intentionen und Kommentare Kants gerichtete Wendung. Er übersieht dabei, daß Kant gerade im Licht seiner so verblüffend einfachen Musterbeispiele für alltägliche Fälle von Kausalität in Form der entsprechenden Erfahrungsurteile auf dem Weg ist, einem *in unserer alltäglichen Gebrauchssprache* gehüteten Rätsel auf die Spur zu kommen. Man muß Kants Arbeit an dieser Philosophie deswegen nicht zu einer Art von Proto-Sprachanalyse stilisieren. Doch es kann auch nicht gut bestritten werden, daß er mit seinen Musterbeispielen für alltägliche Fälle von Kausalität darauf aufmerksam macht, daß unsere Sprache in Gestalt von zweistelligen Prädikaten wie *... erwärmt - - -, ... schmelzt - - -* und *... härtet - - -* der entsprechenden Erfahrungsurteile eine Fülle von Ausdrücken bereithält, deren Gebrauch in pragmatisch vereinfachter Form das Verhältnis einer jeweils spezifischen – z. B. erwärmenden, weich machenden bzw. härtenden – Ursache zu deren ebenfalls spezifischer Wirkung thematisiert. Selbstverständlich ist die Theorie, die Kant in der Auseinandersetzung mit solchen einfachen Musterbeispielen ausgearbeitet hat, schrittweise um ein Vielfaches komplizierter geworden als es die Einfachheit solcher Muster auch nur ahnen läßt. Doch in methodisch-didaktischer Hinsicht kann man für die Einführung in eine solche Theorie schwerlich bessere Orientierungshilfen finden als die gebräuchlichen Ausprägungen des Kausal-Themas in ›unserer gemeinen Sprache‹. Daß Cohen unter dem Druck der kulturgeschichtlichen Situation der Philosophie gegen Ende des 19. Jahrhunderts die Potentiale dieser Orientierungshilfen verkannt hat, hat ihn daher einen der wichtigsten Fingerzeige verkennen lassen, den Kant seinen Lesern mit auf den Weg gegeben hat, um das von Cohen diagnostizierte ›Rätsel der Erfahrung‹ als das zu erkennen, was es ist – ein offenkundiges Geheimnis unserer alltäglichen und unserer wissenschaftlichen Umgangssprache.[99]

Die am tiefsten reichende sprachanalytische Einsicht in dieses Geheimnis ist Kant daher mit einer syntaktischen Vertiefung der spe-

---

[98] Cohen, Erfahrung, S. 3.
[99] Zu der Frage, wie Kant dieses Geheimnis im einzelnen lüftet, vgl. unten Abschn. 3.3.–3.4.

zifisch prädikatanalytischen Einsicht gelungen. Es ist allerdings in der Kant-Forschung bis heute anscheinend unbekannt, daß Kant sie in der zweiten Auflage der Ersten Kritik mitgeteilt hat – also aufschluß-reicherweise auch erst nach der kausalkategorialen Prädikat-Analyse der Struktur der Erfahrungsurteile in den *Prolegomena*. Er hat hier förmlich im Vorbeigehen die ganz und gar alltägliche syntaktische Urteilsform berücksichtigt, durch die wir Urteile über Einzelfälle von Kausalität bilden. Diese syntaktische Form bildet einerseits die grammatische Vertiefung der alltäglichen zweistelligen Kausal-Prädi-kate, andererseits ist sie nichts anderes als der grammatische Aus-druck der Kausal-Kategorie, also der charakteristischen *Urteilsfunk-tion* für Stellungnahmen zu individuellen Fällen von Kausalität. Kant führt sie ein, indem er fast beiläufig fragt, »wie [...] *darum, weil* etwas ist, etwas anderes sein *müsse*«.[100] Also die alltägliche syntakti-sche Urteilsform *weil - - -, darum muß ...* bildet den sprachlich-syn-taktischen Ausdruck der Kausal-Kategorie. In der Anwendung dieser kategorialen Urteilsform auf das Muster-Beispiel Kants aus den *Pro-legomena* wird das alltägliche Erfahrungsurteil *Die Sonne erwärmt den Stein* mit seiner prädikativ verschlüsselten kausalkategorialen Form in die nicht weniger alltägliche syntaktische Klarform über-führt **Weil** *die Sonne den Stein bescheint,* **darum muß** *er warm/wär-mer werden.* Ebenso verhält es sich mit den beiden anderen exempla-rischen Erfahrungsurteilen: **Weil** *die Sonne das Wachs bescheint,* **darum muß** *es weich/weicher werden* und **Weil** *die Sonne den Ton bescheint,* **darum muß** *er hart/härter werden.*

Für die Zaungäste der Philosophie und für die Grenzgänger zwi-schen anderen Disziplinen und der Philosophie mögen die sprachana-lytischen Einsichten in die prädikativen Verschlüsselungen der Kau-sal-Kategorie und in ihre syntaktische Klarform nicht besonders erheblich erscheinen. Unsere Gewöhnung an ihren schon lange all-täglich gewordenen Gebrauch verleiht diesen Einsichten selbst etwas Alltägliches. Doch unter den Vorzeichen von Kants theoretischen Be-mühungen um die bis heute virulente Kausalitäts-Skepsis Humes ge-winnen sie eine ganz andere Kontur. Denn zu den wichtigsten Mit-teln dieser Überwindung gehört Kants konstruktive Einsicht, wie man Humes Einsicht in die Aporie der fehlenden empirischen Basis für die Notwendigkeit gerecht werden kann,[101] die traditionell mit

---

100 KrV, B 288, Hervorhebungen R. E.
101 »It is not, therefore, from any instance [of perception, R. E.], that we arrive at the

dem kausalen Geschehen verbunden wird: Die alltägliche kausalkategoriale *weil - - -, darum muß* ...-Urteilsform macht in der einfachsten, aber auch subtilsten Form darauf aufmerksam, daß es sich beim Verhältnis von Ursache und Wirkung – entgegen der traditionellen Humeschen Unterstellung – nicht um ›a necessary *connection*‹ handelt, also nicht um eine Verbindung, die *als Verbindung* notwendigerweise der Fall wäre. Es handelt sich vielmehr um eine Verbindung, in der die *Wirkung* notwendigerweise der Fall ist, wenn und sobald die *Ursache* der Fall ist. Die Notwendigkeit zeigt sich also schon in der syntaktisch-begrifflichen Hinsicht der Kausal-Kategorie als der *lokale* Faktor der Wirkung und stempelt damit implizit die Ursache als hinreichende Bedingung (s. u. bes. S. 94 f.).

Doch kaum hundert Jahre nach Cohens fehlgeleitetem Versuch, unter dem kulturgeschichtlichen Druck seiner Zeit die angeblichen Fortschrittsdefizite der Philosophe durch eine wissenschaftsphilosophische Verkürzung von Kants Theorie auszugleichen, sah sich die Philosophie einem vergleichbaren Druck sogar direkt durch prominente Insider ausgesetzt: »Philosophy of science is philosophy enough«.[102] Es blieb allerdings nicht bei der simplen Propagierung dieses wissenschaftstheoretischen Dogmas. Nur wenig später wurde der vom Umfang her zwar vergleichsweise bescheidene, aber energische Versuch unternommen, Kants Erste Kritik im Horizont der modernen Logik und Wissenschaftstheorie noch einmal als eine metaphysische Theorie mathematisch-naturwissenschaftlicher Erfahrungserkenntnis zu rekonstruieren[103]. Insbesondere die von Kant formulierten Prinzipien der Substantialität und der Kausalität werden im Rahmen dieser Rekonstruktion mit ontologischen Oberprämissen der Naturwissenschaften – und nur der Naturwissenschaften – identifiziert.[104] Die von Paton schon sechzig Jahre früher für die Kant-Forschung erschlossene grundsätzliche Orientierung von Kants Theorie an der Struktur der alltäglichen Erfahrung und an deren

---

idea of cause and effect, of a necessary connection«, David Hume, A Treatise of Human Nature, In Two Volumes. Volume One. Introduction by A. D. Lindsay, London/New York 1964, S. 161.

[102] Willard van Orman Quine, Mr. Strawson on Logical Theory, in: ders., The Ways of Paradox and Other Essays ([1]1963), New York 1968, S. 149.

[103] Vgl. Wolfgang Stegmüller, Gedanken über eine mögliche Rekonstruktion von Kants Metaphysik der Erfahrung ([1]1967–68), wieder abgedr. in: ders., Aufsätze zu Kant und Wittgenstein, Darmstadt 1974, S. 1–61.

[104] Vgl. bes. S. 11 ff., 38–45; vgl. hierzu auch unten S. 80–82.

Tragweite auch für die Struktur der Erfahrung der Wissenschaften war im Rahmen des neuen wissenschaftstheoretischen Dogma nicht der Beachtung wert. Diesem Dogma, daß ›Philosophy of science is philosophy enough‹, hätte Kant nicht zuletzt auch im Licht seiner Praktischen Philosophie allerdings mit nur allzu guten Gründen energisch widersprochen.[105]

Im Rahmen der Alltags-Kausalität ist es außerdem die spezifische Handlungs-Kausalität, der eine Schlüsselrolle zufällt. Kant berücksichtigt sie in seinem zentralen kausalitätstheoretischen Kapitel wiederum in der Gestalt eines geradezu rührend einfachen Beispiels: »[…] wenn ich die Kugel auf das Kissen lege, so folgt auf die vorige glatte Gestalt desselben ein Grübchen«.[106] Man macht sich in der Regel nicht klar, daß die rührende Einfachheit dieses Beispiels gleichwohl das Format hat, durch seine Struktur eine außerordentlich wichtige handlungstheoretische Brücke zu den anspruchsvollsten Formen der experimentellen Kausalität der naturwissenschaftlichen und der klinischen Forschung vorzubereiten. Der Mathematiker und Theoretische Physiker Hermann Weyl hat diese Brücke in besonders prägnanter Weise geschlagen: »Für den Experimentator sind *die Bedingungen derjenige Teil des Geschehens, der in seiner Gewalt steht*«.[107] Doch auch ein Kind, das sich immer wieder am Zerbrechen eines neuen Glases erfreut, das es spielerisch fallen läßt, hat – ebenso wie Kants Manipulation eines Kügelchens auf einem Kissen – die entsprechenden ursächlichen Bedingungen eines solchen Geschehens in seiner Gewalt. Diese Form der Handlungs-Kausalität bildet seit unvordenklichen Zeiten tagaus, tagein einen zentralen Teil der alltäglichen Erfahrung der Menschen. Die Naturwissenschaften und seit dem 19. Jahrhundert die Klinische Medizin knüpfen mit ihren experimentellen Methoden daher lediglich an eine »Erfahrenheit langer

---

[105] Vgl. hierzu vom Verf., Vernunft und Urteilskraft. Kant und die kognitiven Voraussetzungen vernünftiger Praxis, Freiburg/München 2018.

[106] KrV, A 203, B 248.

[107] Hermann Weyl, Philosophie der Mathematik und Naturwissenschaft ([1]1927), München – Wien [3]1966, S. 244, Weyls Hervorhebungen; für die Medizin ist diese konditionalistische Konzeption noch früher in der Medizintheorie von David Paul v. Hansemann, Über das konditionale Denken in der Medizin und seine Bedeutung für die Praxis, Berlin 1912, fruchtbar gemacht worden; vgl. zu diesem Ansatz zuletzt vor allem Wolfgang Wieland, Diagnose. Überlegungen zur Medizintheorie ([1]1975), Warendorf 2015, bes. 4. Kapitel; zu den Einzelheiten von Kants konditionalistischer Kausalitäts-Theorie der Erfahrung vgl. unten Abschn. 3.3.–3.4.

Zeiten«[108] an, wenn sie sich auf die Gültigkeit eines Kausalitätsprinzips als auf etwas Selbstverständliches verlassen. Solche Prinzipien – auch z. B. das Prinzip der universellen Beharrlichkeit der Substanz – haben die Zukunft ihrer Bewährungsproben durch deren unvordenklich lange Vorgeschichte in der Alltagserfahrung der Menschen schon lange hinter sich. Zwar machen die empirischen Wissenschaften von solchen Prinzipien in einer Weise Gebrauch, die im Laufe ihrer Geschichte durch unzählige neue Bewährungsproben und deren Erfolge immer wieder von neuem zu neuen und komplexeren Formen der Ursachen- und der Substanz-Forschung geführt hat. Doch diese unaufhörlichen Komplizierungen haben auch dazu geführt, daß man im sprichwörtlichen Sinne ›den Wald‹ – die Struktur der Kausalität – ›vor lauter Bäumen‹ – der unüberschaubar und undurchschaubar gewordenen Vielfalt der experimentellen Fälle von Kausalität – nicht sieht. Es liegt indessen auf der Hand, daß die Praxis der alltäglichen Handlungskausalität schon längst auch an dem Erbe partizipiert hat, das ihr von der experimentellen Kausal-Forschung der Experten unablässig hinterlassen worden ist. Die wissenschaftlich-technische Alltagswelt, die seit dem Beginn der Neuzeit vor allem durch die neu entwickelten mathematischen Formen der Berechenbarkeit von experimentellen Fällen von Kausalität einen immer dominierender gewordenen Einzug in unser Leben gehalten hat, wird – außer durch die dank Chemie und Biochemie wachsende Vielfalt synthetischer Stoffe – vor allem durch dieses kausaltechnische Erbe der experimentellen naturwissenschaftlichen Kausal-Forschung geprägt.

Gegen die verwirrenden Komplizierungen der Fälle von Kausalität und deren Vielfalt schirmt man sich sowohl im Alltag wie in der empirischen wissenschaftlichen Forschung gerne ab, indem man sich an Selbstverständlichkeiten orientiert, wie sie in einem ›Kausal-Gesetz‹ der Form *Jede Ursache hat eine Wirkung* bzw. *Jede Wirkung hat ihre Ursache* zur Sprache gebracht werden können. Doch gerade Kant hat scharfsinnig auf das Irreführende dieser Selbstverständlichkeiten aufmerksam gemacht. Er hält fest, daß »der *Begriff* einer Ursache [...] offenbar den *Begriff* einer Notwendigkeit der Verknüpfung mit einer Wirkung und einer *strengen Allgemeinheit der Regel* [enthält]«.[109] Damit gibt er zu bedenken, daß es sich bei diesem ›Kausal-

---

[108] Reflexionen zur Metaphysik, Ak. XVIII, Reflexion (= R) 5645, S. 287–288.
[109] KrV, B 5.

Gesetz‹ zwar um eine strenge Regel handelt, aber eben auch um eine Regel, die ausschließlich die Notwendigkeit betrifft, mit der der kor rekte *sprachliche Gebrauch* des *Begriffs* der Ursache auf den *sprachlichen Gebrauch* des *Begriffs* der Wirkung und umgekehrt der korrekte *sprachliche Gebrauch* des *Begriffs* der Wirkung auf den *sprachlichen Gebrauch* des *Begriffs* der Ursache angewiesen ist – also *Jede Ursache hat eine Wirkung* und *Jede Wirkung hat eine Ursache.* Das eklatante Ungenügen dieses bedeutungs- und sprachanalytischen ›Kausal-Gesetzes‹ unseres Sprachgebrauchs besteht indessen darin, daß es gänzlich offen läßt, warum sich Naturprozesse wie z. B. das Wärmer-werden eines Steins im Sonnenlicht, das Schmelzen einer Portion Wachs im Sonnenlicht, das Härter-werden einer Portion Ton im Sonnenlicht (vgl. oben S. 44 f.) und das Wärmer-werden einer Stube im unmittelbaren Umkreis eines beheizten Ofens[110] nach den bedeutungsanalytischen Regeln unseres Sprachgebrauchs richten sollten. Kants weiterführende ›critische‹ Untersuchungen widmen sich daher der Beantwortung von zwei zu oft vernachlässigten Fragen: 1. Welches sind die *Kriterien*, in deren Licht wir *im konkreten empirischen Einzelfall* wahrheitsgemäß beurteilen können, ob ein empirisches Phänomen das Format einer Wirkung und welches andere empirische Phänomen das Format seiner Ursache hat? 2. Aus welchen Gründen können wir uns über jeden konkreten empirischen Einzelfall hinaus grundsätzlich, also strikt allgemein in *aller* Gegenwart, *aller* Vergangenheit und *aller* Zukunft darauf verlassen, was wir sowohl im Alltagsleben wie in der empirischen wissenschaftlichen Forschung für selbstverständlich zu halten pflegen – daß wir nämlich angesichts jedes einzelnen beobachtbaren raumzeitlichen Ereignisses ein anderes raumzeitlich beobachtbares Ereignis finden können, das wahrheitsgemäß als dessen Ursache in Anspruch genommen werden kann? Kant stellt seine Leitfrage nach den Bedingungen der Möglichkeit der Erfahrung also mit einer gewissen paradoxen Intention: Wie können wir im Ausgang von den beiden sprach- bzw. begriffsanalytischen Selbstverständlichkeiten, daß jede Ursache eine Wirkung und jede Wirkung eine Ursache hat, dahin gelangen, etwas über kausale Strukturen in Erfahrung zu bringen, obwohl diese für uns ausschließlich durch empirische Beobachtungen zugänglich werden können und grundsätzlich nur durch die Berücksichtigung von raumzeit-

---

[110] Vgl. KrV, A 202, B 247; A 203, B 248.

lichen Phänomenen jenseits der Grenzen der von uns gebrauchten Sprachen bzw. Begriffe gelingen können?[111]

3. Ursprüngliche Einsichten Kants

3.1. Das Erweckungserlebnis Rousseau und das urteils-analytische Arbeitsprogramm

Während der ersten beiden Jahrzehnte seiner professionellen Lehrtätigkeit folgte Kant, ganz ungeachtet seiner beeindruckenden Produktivität und seiner sich abzeichnenden Originalität, deutlich den Spuren, die bis dahin die »Disziplin der scholastischen Methode«[112] des philosophischen Zentralgestirns Deutschlands, Christian Wolff hinterlassen hatte. Seine Arbeit auf dieser Linie erfuhr indessen in einer gänzlich unvorhersehbaren und zunächst noch ganz unscheinbaren Weise durch den Einbruch eines sowohl methodischen wie sachlichen Erweckungserlebnisses eine radikale Umorientierung. In einer der damals üblichen kleinen essayistischen Ankündigungen des bevorstehenden Semesters publiziert Kant zum Beginn des Wintersemesters 1762–1763 die Schrift *Über die falsche Spitzfindigkeit der vier syllogistischen Figuren*.[113] Nach einer durchaus scharfsinnigen, von formal-logischer Sachkunde getragenen Auseinandersetzung mit seinem Thema formuliert Kant gleichsam wie einen Blitz aus dem heiteren Himmel der Formalen Logik die Frage »was denn das für eine Kraft sei, durch die das Urteilen möglich wird«.[114] Nur allzu offensichtlich nutzt diese Frage in einfallsreicher Form das geläufige Kompositum *Urteilskraft*, um daraus die Frage nach einer Kraft zu gewinnen, die unmißverständlich als *Bedingung der Mög-*

---

[111] Vgl. hierzu ausführlich unten Abschn. 3.3.–3.4.

[112] Was heißt: Sich im Denken orientieren?, Ak. VIII, S. 137*.

[113] Vgl. Die falsche Spitzfindigkeit der vier syllogistischen Figuren, Ak. II, S. 44–61; daß und warum man die Unterscheidung zwischen vier syllogistischen Figuren weder für spitzfindig noch für überflüssig halten muß, wissen wir erst seit den entsprechenden Untersuchungen von Günther Patzig, Die aristotelische Syllogistik. Logisch-philologische Untersuchungen über das Buch A der »Ersten Analytiken« (¹1959), Göttingen 1963, S. 117–127; vgl. hierzu auch Wolfgang Wieland, Zur Deutung der aristotelischen Logik, in: Philosophische Rundschau, 14. Jg., Heft 1, S. 1–27, hier: S. 15–20.

[114] Ak. II, S. 60.

lichkeit des Urteilens konzipiert wird. Dies ist mit Blick auf den wenig mehr als zehn Jahre später beginnenden ›critischen Weg‹ von Kants Denken nur allzu offensichtlich seine erste transzendentallogische Frage *avant la lettre*.

Doch nicht weniger bedeutsam ist die Genese dieser Frage. Denn sie bildet das Resultat der für Kant geradezu atemberaubend gewordenen Lektüre von Rousseaus *Émile* im unmittelbar vorangegangenen Sommersemester 1762. In der unaufhörlich wachsenden Woge der Rousseau-Literatur ist so gut wie untergegangen, daß dieses Buch eine radikale didaktisch-pädagogische Konzeption der Kultivierung der Urteilskraft enthält.[115] Dem Mentor Émiles legt Rousseau immer wieder von neuem die Maxime in den Mund: »Lassen wir ihn lernen, gut zu urteilen«.[116] Dieses Lernen ist nicht nur auf eine »ununterbrochene Übung«[117] angewiesen. Vor allem stellt sich schon für Rousseau im Blick auf eine solche Konzeption das Problem, das sich für Kant im Laufe der kommenden Jahrzehnte zu nicht mehr und nicht weniger als einem Schlüsselproblem seines ›critischen Weg‹ auswachsen wird: »Man muß das Instrument kennen, dessen ich mich bedienen will, und den Punkt bis zu dem man sich auf es verlassen kann«[118] – also »das Instrument, das urteilt«.[119] Vernachlässigt man die instrumentalistische Sorglosigkeit, mit der Rousseau hier formuliert, dann geht es dabei um nicht mehr und nicht weniger als um eine Kritik der Urteilskraft, also um die Klärung der Grenze, bis zu der man sich auf das *Vermögen*, die *Fähigkeit* der Urteilskraft verlassen kann. Ganz unbeschadet seiner ingeniösen zehnjährigen Arbeit am Problem der Urteilskraft,[120] verfügte der geradezu prototypische Autodidakt Rousseau nicht über die mikro-analytischen Mittel, um diesem Grenzproblem in der Tiefe nachzugehen. Doch dieses Grenzproblem bildet das eigentliche Geheimnis, das 1762 aus Kants Studium von

---

[115] Vgl. hierzu vom Verf., Die Aufklärung der Urteilskraft, in: ders., Bedingungen der Aufklärung. Philosophische Untersuchungen zu einer Aufgabe der Urteilskraft, Weilerswist 2008, S. 369–424.

[116] »apprenonslui à bien juger«, Émile ou de l'éducation, in: Jean-Jacques Rousseau, Œuvres complètes, vol. IV, Paris 1969, S. 486; vgl. auch S. 285, 324, 361, 380, 392, 396, 397, 421, 458, 483, 486, 654.

[117] »éxercice continuël«, S. 486.

[118] »Il faut donc […] connaître l'instrument dont je veux me servir et jusque'à quel point je puis me fier à son usage«, S. 570.

[119] »l'instrument qui juge«, S. 674.

[120] Vgl. hierzu vom Verf., Bedingungen, S. 213–523.

Rousseaus ihn erregender Schrift in seinen bis dahin ›sicheren Gang‹ auf den methodischen Spuren Christian Wolffs einbricht.[121]

Aus der Unbeirrbarkeit, mit der Kant die Frage nach diesem Geheimnis während der nächsten fast zwanzig Jahre gehütet hat, hat es sich schließlich zu dem urteils-analytischen Arbeitsprogramm ausgewachsen, auf das er in den *Prolegomena* zurückblickt: »Ich sah mich nach einer Verstandeshandlung um, die alle übrigen enthält und sich nur durch die verschiedenen Modifikationen oder Momente unterscheidet, das Mannigfaltige der Vorstellungen unter die Einheit des Denkens zu bringen, und da fand ich, diese Verstandeshandlung bestehe im Urteilen«[122]. Der analytische Grundzug von Kants Arbeit ist im Licht dieses Arbeitsberichts dadurch bestimmt, daß er, wie er sagt, ›die Verstandeshandlung des Urteilens‹ mit dem Ziel analysiert, ›die verschiedenen Modifikationen oder Momente‹ ans Licht zu bringen, die daran beteiligt sind, ›das Mannigfaltige der Vorstellungen durch Urteile unter die Einheit des Denkens zu bringen‹. Analytisch ist Kants Philosophie in methodischer Hinsicht also deswegen, weil sie an formalen Urteils-Analysen arbeitet – wie wir im Rückblick wissen, an formalen Analysen theoretischer, praktischer und schließlich auch ästhetischer und teleologischer Urteile.

3.2. Der höchste Punkt des abstraktiven Wegs der Urteilsanalysen

Unter diesen Voraussetzungen kommt es vor allem darauf an, gezielt nach den Elementen in Kants ›critischen‹ Schriften zu suchen und sie fruchtbar zu machen, die die Struktur der gemeinsamen Alltagserfahrung der Menschen am Leitfaden der diese Erfahrung prägenden Urteilsformen thematisieren. Denn nur wenn es gelingt, diese Struktur zu klären, kann auch geklärt werden, daß und vor allem inwiefern dieselbe Struktur auch in spezifischen Feldern der wissenschaftlichen Erfahrung zum Tragen kommt. Die Struktur einer universell beharrenden Substanz und die einer ebenso universell invarianten Form der Kausalität kommen gewiß nicht auf allen wissenschaftlichen Forschungsfeldern – z. B. auf denen der Geisteswissenschaften – in unmittelbar greifbaren Formen zum Tragen.

---

[121] Vgl. hierzu vom Verf., Krise und Kritik der Urteilskraft, in: ders., Bedingungen, S. 515–556.
[122] Prolegomena, Ak. IV, S. 323.

Doch die Sorge z. B. der Philologen, der Literaturwissenschaftler, der Musikwissenschaftler, der Kunsthistoriker und der Archäologen ist schon längst in eine Phase eingetreten, in der ein immer komplexer werdendes physik-, chemie- und auch biologiebasiertes kausaltechnisches *know-how* vonnöten ist: Die stofflichen Träger der Denkmäler und Dokumente der Vergangenheit und der Gegenwart können nur mit seiner Hilfe gegen materielle Verfallserscheinungen gesichert werden. Doch deren schon in der Früh- und Vorgeschichte beginnenden materiellen und technischen Hervorbringungen durch ihre leibhaftigen Schöpfer setzen geradezu auf Schritt und Tritt voraus, daß diese ihrerseits über ein hinreichend komplexes materialspezifisches kausaltechnisches *know-how* zur Bearbeitung und Gestaltung geeigneter Materialien verfügt haben. Es liegt daher auf der Hand, daß die Klärung gemeinsamer Strukturkomponenten der Alltagserfahrung und der spezifisch naturwissenschaftlichen Erfahrung ein außerordentliches, nahezu hyper-komplexes Maß an methodischer Umsicht und Vorsicht sowie an analytischem Scharfsinn und theoretischer Urteilskraft nötig machen. Gelegentliche mehr oder weniger irritierende Umwege, Abwege, Holzwege und andere Irrwege sind unter solchen Umständen nicht nur in der Philosophie aus eher banalen arbeitspragmatischen Gründen nicht nur unvermeidlich, sondern geradezu normal.

Zur Normalität der Arbeit an einer entsprechenden, nahezu hyper-komplexen Theorie der Erfahrung gehört es daher auch, daß ihr Autor erst im zweiten oder in einem noch späteren Anlauf zu Einsichten gelangt, die seiner Theorie zu einem erst nachträglich gewonnenen Grad an Kohärenz verhelfen. Solche Einsichten können daher auch dann *ursprünglich* sein, wenn sie keine *anfänglichen* Einsichten sind, also Einsichten, wie der Autor sie von Anfang an gehabt haben müßte: »Ein Philosoph, der nicht manchen Gedanken fahren ließe, der jedem eigenen Standpunkt (wenn er einen hat) unentwegt die Treue hält, den beherrschen Eigensinn und Eitelkeit, oder es fehlt ihm an Scharfsinn und Wahrheitsliebe«.[123] Doch von Scharfsinn und Wahrheitsliebe läßt auch Kant sich leiten, wenn er ein in der neuzeitlichen Tradition des philosophischen Nachdenkens gewonnenes Element auf dem Weg von der ersten zur zweiten Auflage einer radi-

---

[123] Günther Patzig, Nachwort, in: Rudolf Carnap, Scheinprobleme in der Philosophie. Das Fremdpsychische und der Realismusstreit. Nachwort von Günther Patzig, Frankfurt/Main 1966, S. 83–135, hier: S. 86.

kalen Revision unterzieht. Es geht dabei um den zuerst von Descartes formulierten Gedanken, daß der extrem einfache und durchaus auch unserem alltäglichen Sprachgebrauch zugehörige Urteilsakt *Ich denke* das einzigartige Format hat, trotz seiner extremen Einfachheit dem Subjekt, das ihn vollzieht, die Gewißheit seiner Existenz zu vermitteln. Zwar thematisiert auch Leibniz diesen Urteilsakt unter dem terminologischen Namen der Apperzeption und gegen Lockes Theorie als das Zentrum aller mentalen Tätigkeiten des Menschen.[124] Doch für Kant und seine kritische Auseinandersetzung mit Descartes' zentralem Gedanken wird in der ersten Auflage der Ersten Kritik dessen weiterführender Gedanke maßgeblich: Bei dem Subjekt des Urteilsakts *Ich denke* handle es sich um die von allem anderen in der Welt Existierenden unabhängige einfache, immaterielle und daher auch unzerstörbare Substanz namens Seele.[125] Unberücksichtigt läßt Kant allerdings Descartes' eigene kritische Erwägung: »Wie lange aber [existiere ich]? Nun, solange ich denke. Denn vielleicht könnte es sogar geschehen, daß ich, wenn ich aufhörte zu denken, alsbald auch aufhörte zu sein«.[126]

Den Urteilsakt *Ich denke* und den mit ihm verbundenen ontologischen Gedanken der selbständigen Existenz einer einfachen, immateriellen und daher unzerstörbaren Seelen-Substanz unterzieht Kant im so apostrophierten *Paralogismus*-Kapitel der Ersten Kritik einer äußerst scharfsinnigen formal-logischen Analyse: Für den Urteilsakt *Ich denke* und den Substanz-Status seines Ich-Subjekts findet er hier eine von ihm selbst stilisierte Verwendung ausschließlich als ontologischer Schlußsatz (*conclusio*) eines dreifachen zu verwerfenden syllogistischen Fehlschlusses (*Paralogismus*). In der zweiten Auflage nimmt er von dieser Kritik zwar nichts zurück. Doch das an sich so unscheinbare Mikro-Urteil *Ich denke* fungiert hier ganz und gar unvermittelt an der zentralen Stelle seiner ganzen kritischen Philosophie als »der höchste Punkt, an dem man [...] selbst die ganze Logik,

---

[124] Vgl. G. W. Leibniz, Principes de la Nature et de la Grace fondés en raison – Principes de la philosophie ou Monadologie. Publié intégralement d'après les manuscrits de Hanovre, Vienne et Paris et présentés d'après des lettres inédits par André Robinet, Paris 1954, hier: sect. 4 f. bzw. 23 f., 30 f.

[125] Vgl. Descartes, Meditationes de prima philosophia (¹1641) / Meditationen über die Grundlagen der Philosophie. Auf der Grundlage der Ausgaben von Artur Buchenau herausgegeben von Lüder Gäbe, Hamburg 1959, hier: bes. S. 48 f. bzw. 47–49, 82 f. bzw. 83 f., 88 f. bzw. 89 f., 140 f. bzw. 141 f., 152–154 bzw. 153–155.

[126] Vgl. bes. S. 42–44 bzw. 43–45 und 46 f. bzw. 47 f.

und nach ihr, die Transzendental-Philosophie heften muß«.[127] Die Revision, die Kant in diesem Punkt vorgenommen hat, könnte radikaler nicht sein: Aus der Rolle einer ontologischen *conclusio* eines Fehlschlusses wird das Mini-Urteil *Ich denke* in den nicht mehr zu überbietenden höchsten Punkt versetzt, an dem sich die Arbeit an der *Logik* und an dem ganzen philosophischen Entwurf orientiert, an dem Kant mit seinen urteils-analytischen Untersuchungen schon seit fast zwanzig Jahren gearbeitet hat. Doch welche Verbindung aus ›Scharfsinn und Wahrheitsliebe‹ kann es sein, die bei dieser radikalen Revision seiner Auffassung aus der ersten Auflage der Ersten Kritik Pate gestanden hat? Jedenfalls kann nicht gut bezweifelt werden, daß es sich bei der erst nachträglich gewonnenen Einsicht um eine sogar im eminenten Sinne ursprüngliche, Kants ganze weitere Arbeit im innersten Kern bestimmende Einsicht handelt. Welche Tragweite diese Einsicht speziell für Kants Theorie der Erfahrung mit sich bringt, läßt sich vorläufig wenigstens durch ein entsprechendes Zitat andeuten: »[…] der formale Satz […] Ich denke ist […] die Form […], die jeder Erfahrung anhängt als bloß subjektive Bedingung derselben«.[128]

3.2.1. Anthropologie, die Seele und die Logik

Man kann selbstverständlich weder die Tragfähigkeit noch die Tragweiten auf Anhieb durchschauen, die diesem Gedanken nicht nur im internen Zusammenhang mit Kants Theorie der Erfahrung zukommt. Zunächst bringt dieser Gedanke eine unmittelbare Tragweite für seine Analyse ›jeder Erfahrung‹, also »jede[r] *einzelne[n]* Erfahrung«[129] mit sich, sofern sie »Teil von der ganzen Sphäre« des »*absolute[n] Ganze[n] aller möglichen Erfahrung*«[130] ist. Über diese spezifische und engere Tragweite hinaus verdient er aus verschiedenen Gründen besondere Aufmerksamkeit. Alle diese Gründe sind indessen ganz ungeachtet ihrer diversen Wichtigkeiten auf die Rolle zurückzuführen, die Kant mit der Einführung des so unscheinbaren Mikro-Urteils *Ich denke* in seine Theorie verbindet. Denn die Einführung dieses Mikro-Urteils bildet in Kants Theorie den Auftakt zu den

---

[127] KrV, B 133*.
[128] A 354.
[129] Hervorhebung R. E.
[130] Prolegomena, IV, S. 328, Kants Hervorhebungen.

abstrakten und komplexen urteils-analytischen Erörterungen, die die Grundzüge seiner paradoxen – also allen jemals vertretenen Meinungen widerstreitenden – Konzeption der Seele bilden. Sowohl in der ersten wie in der zweiten Auflage der Ersten Kritik formuliert Kant die lapidaren Schlüsselthesen dieser Konzeption. Er thematisiert hier zuerst »das denkende Ich [...] die Seele«[131] und bleibt dabei, daß das »Ich, als denkend, [...] Seele [heiße]«.[132] Doch gerade wegen ihrer lapidaren Kürze ist die durch sie repräsentierte Konzeption ganz besonders darauf angewiesen, daß man sich ihrer in der gegenwärtigen Situation der philosophischen Verständigung über das Format und die ursprungstiftende Rolle der menschlichen Seele auf den in der *Einleitung* angekündigten Nebenwegen annimmt. Kant hat selbst von den methodischen Möglichkeiten einer solchen Nebenwegigkeit Gebrauch gemacht. Wenn man seinen Übergang von der ersten zur zweiten Auflage der Ersten Kritik gebührend ernstnimmt, dann bildet sein Weg von der Kritik am stilisierten substanz-ontologischen Fehlschluß einer ebenso stilisierten cartesischen Tradition des *Ich denke* zum ›höchsten Punkt‹ seiner Theorie sogar selbst einen authentischen Nebenweg dieser Art.

Dennoch reicht dieser Nebenweg durchaus noch nicht aus, die komplexen Gründe der Tragfähigkeit und die komplexe Tragweite in einem Essay auch nur annähernd zu durchschauen, die dieser ›höchste Punkt‹ für eine so paradoxe Konzeption der Seele mit sich bringt. Man muß diesen ›höchsten Punkt‹ wegen seiner extrem subtilen Komplexität zweckmäßigerweise auf mehreren Nebenwegen gleichsam einkreisen, um ihm im Rahmen einer Zielsetzung wie der dieses Essays gerecht werden zu können. Unabhängig von solchen Nebenwegen hat Kant jedoch selbst Prämissen bereitgestellt, die helfen, diese Nebenwege vorbeugend gegen verbreitete Vorurteile über Kants Theorie in Schutz zu nehmen. Mit der einen von mehreren Prämissen beugt Kant selbst dem Mißverständnis vor, bei dem von ihm thematisierten ›Denken des Ich, der Seele‹ handle es sich um eine Tätigkeit, wie sie sich in einem nebulösen ›seelischen‹ Medium in ungreifbaren Formen abspielen würde: »Wir können nur *durch Urteile* denken«.[133] Diese

---

[131] KrV, A 361.

[132] A 342, B 400.

[133] Reflexionen zur Metaphysik, Ak. XVIII, R 5650, Hervorhebung R. E. Kants andere These »Also *ist* Denken so viel als Urteilen«, Prolegomena, Ak. IV, S. 304, Hervorhebung R. E., leidet unter der notorischen, zuerst von Aristoteles und später vor allem auch von Frege bemängelten Vieldeutigkeit der Kopula *ist*. Im Licht der teils medialen

Prämisse macht unmißverständlich deutlich, daß das *Wie*, die Form des Denkens *von* den Formen der Urteile *abhängig* ist und sich *in* den Formen der Urteile *zeigt*. Doch die drei anderen prophylaktischen Prämissen bringen endgültig Licht in den Rest von Dunkelheit, den diese erste Prämisse noch hinterlassen mag: »Wir würden gar nicht urteilen, wenn wir keine Wörter hätten«,[134] »Wir bedürfen der Wörter, um nicht allein andern, sondern uns selbst verständlich zu werden«,[135] und »Denken ist Reden mit sich selbst«.[136]

Damit ist unmißverständlich klargestellt, daß ›das denkende Ich, die Seele‹ die denkende Tätigkeit in Form von sprachlich artikulierten Urteilen – und nur in ihnen – ausübt und zeigt. Im Schutz dieser nicht nur in der Kant-Forschung vielfach verkannten Prämissen Kants über den untrennbaren Bedingungszusammenhang des ›Denkens des Ich, der Seele‹, mit dem Denken *durch Urteile* und der *wörtlichen Formulierung* der Urteile kann auch plausibel werden, was es damit auf sich hat, daß das ›Ich denke‹ die Form ist, die jeder Erfahrung‹ – also jeder *einzelnen Erfahrung* – ›als bloß subjektive Bedingung derselben anhängt‹ (s. o. S. 56). Denn die logisch-grammatischen Formen solcher einzelnen Erfahrungen hat Kant zum ersten Mal in den *Prolegomena* in der alltäglichen Gestalt der so wichtigen kausalthematischen Erfahrungsurteile durchschaut: *Die Sonne erwärmt den Stein, Die Sonne weicht das Wachs* und *Die Sonne härtet den Ton* (s. o. S. 44 f.). Doch angesichts des untrennbaren Bedingungszusammenhangs des ›Denkens des Ich, der Seele‹, mit dem Denken durch Urteile und der wörtlichen Formulierungen der Urteile liegt es auf der Hand, *inwiefern* das ›Denken des Ich, der Seele‹ – gleichsam stenographisch verkürzt in dem Mikro-Urteil *Ich denke* – ›jeder Erfahrung‹ – also jedem einzelnen Erfahrungs*urteil* – ›als bloß subjektive Bedingung desselben anhängt‹: Wir können zwar nur durch Ur-

---

und teils instrumentalistischen Akzentuierung der Reflexion 5650 wird diese Vieldeutigkeit zwar aufgehoben. Gleichwohl macht die *ist*-These auf die Verschmelzung des seelischen Akts des Denkens mit dem jeweiligen Urteilsakt aufmerksam: Keiner ist ohne den anderen möglich, wenngleich der seelische Akt ursprünglich, hingegen der Urteilsakt ›abkünftig‹, also nur *durch* ihn so möglich ist, wie er wirklich ist.

[134] Logik Philippi, Ak, XXIV. 1, S. 588. Unter den Mitschriften von Kants Logik-Vorlesungen handelt es sich bei der Logik Philippi – im Gegensatz zur früheren Logik Blomberg – spürbar um die erste aus den Anfängen (1772) von Kants ›critischem‹ Weg.

[135] Reflexionen zur Logik, Ak. XIV, R 3444.

[136] Anthropologie in pragmatischer Hinsicht, Ak. VII, S. 192.

teile denken (s. o. S. 57–58). Aber inwiefern kann das *Ich denke* jedes solche Erfahrungsurteil in einer anscheinend eher nebensächlichen Weise als ›Anhängsel jeder Erfahrung‹ begleiten und trotzdem in der Rolle einer Bedingung?

Vor Kants Beantwortung dieser Frage mag ein weiterer kleiner Nebenweg zeigen, welche Bedeutsamkeit Kants Charakterisierung des ›Denkens des Ich, der Seele‹ im unmittelbaren kulturhistorischen Umfeld seiner Theorie zufällt. Denn für viele literarisch gebildete Leser liegt es auf der Hand, daß die Überlegungen, die Kant in diesem Zentrum seines ›critischen‹ Philosphierens entwickelt, in eine spannungsreiche Nachbarschaft mit Schillers berühmtem Sinnspruch »*Spricht* die Seele so spricht ach! schon die *Seele* nicht mehr«[137] gehören. Doch im Gegensatz zu Schillers Akzentuierungen gibt es unter den von Kant bedachten Vorzeichen keinerlei mehr oder weniger paradoxe Gründe oder Anlässe, darüber zu klagen oder gar zu seufzen, daß die Seele ›ach!‹ *nicht* spräche, *falls* sie spräche. Denn unter diesen Vorzeichen spricht die Seele grundsätzlich zumindest nicht direkt und gleichsam im eigenen Namen. Die eigentliche Spannung zu Schillers Akzentuierungen ergibt sich erst durch die Bindung des ›Denkens der Seele‹ an das *Urteilen* und *dessen* Bindung an das Medium der Sprache. Den springenden Punkt in Kants Konzeption der Seele bildet daher die von Schiller vernachlässigte methodische Schwierigkeit, die Seele *nicht* da zu suchen, wo der Dichter *als* Dichter zu Hause ist – in den sprachlichen Gestaltungen seiner produktiven Einbildungskraft. Im Gegenzug ist Kant in einer anderen methodische Einstellung zu seiner Auffassung gelangt: Wenn ihm kein Fehler unterlaufen ist, dann spricht die Seele zwar grundsätzlich nicht direkt und im eigenen Namen, aber gleichwohl *zeigt sie sich*, und zwar für den transzendental und logisch reflektierenden und analysierenden Autor – und nur für ihn –, wenn er sich gründlich genug fragt, in welchen Formen das an sich stillschweigende Denken der menschliche Seele – das ›Denken des Ich‹ – *zur Sprache kommen* kann – eben in den unzähligen Formen und Akten der Urteile, die die Menschen seit unvordenklichen Zeiten tagaus, tagein mit Blick auf alles und jedes bilden, was sie in ihrem alltäglichen Leben als wichtig genug für ihre Urteilsbildung erachten. Auch komplexe wissenschaft-

---

[137] Friedrich Schiller, Sämtliche Werke. Bd. 1. Tabulae Votivae, München ³1962, S. 313.

liche Urteile wie z. B. »Die Luft ist elastisch«[138] berücksichtigt Kant in einem Atemzug mit den Urteilen der ›gemeinsten Erfahrung‹.[139]

Der Schein der Nebensächlichkeit, den Kants Charakterisierung des *Ich denke* als ›Anhängsel jeder Erfahrung‹ mit sich bringt, ergibt sich indessen daraus, daß er selbst immer wieder einmal mit Unsicherheiten zu tun gehabt hat, dieses seelische ›Anhängsel jeder Erfahrung‹ definitiv in einer sachgemäßen Form zur Sprache zu bringen. In beiden Auflagen der Ersten Kritik bringt er diese Unsicherheit ungewöhnlich offen zum Ausdruck. Denn er sagt von dem Gebilde, das den höchsten Punkt formuliert: »Dieses ist der Begriff, *oder, wenn man lieber will,*[140] das Urteil: Ich *denke*«.[141] Doch innerhalb der Schrittfolge von Kants ›critischem Weg‹ bildet diese Unsicherheit eines der bedeutendsten Beispiele für eine ganz persönliche *Zerstreuung der Erkenntnis*.[142] Einen der wichtigsten Faktoren dieses kognitiven Ausfallsphänomens bilden Fehlleistungen der Fähigkeit, die Kant terminologisch auch als die Fähigkeit der »Synthesis der Reproduktion der Einbildung«,[143] – also der Erinnerung – charakterisiert. Diese Fähigkeit der Erinnerung ist sogar »für Logik und Metaphysik nötig und nützlich«.[144] Wo diese Fähigkeit Kant mit Blick auf die ungezählten privaten Reflexionen und offiziellen Kolleg-Mitteilungen seiner rund zehnjährigen schweigenden Vorarbeit und seiner noch längeren Nacharbeit zur Ersten Kritik einmal offensichtlich im Stich gelassen hat, ist es Aufgabe des Interpreten nachzuhelfen. Eine der wichtigsten Gelegenheiten zu einer solchen Art von Nachhilfe bietet die Unsicherheit, die Kant in der Ersten Kritik ganz unverblümt mit Blick

---

[138] Prolegomena, Ak. IV, S. 299. Eine instruktive Quelle für die unmittelbare Vorgeschichte und den aktuellen Stand der Elastizitäts-Forschung im Jahrzehnt von Kants Erster Kritik bildet der Artikel von Leonhard Euler, Elastizität, in: *Physikalisches Wörterbuch* von Johann Samuel Traugott Gehler, Erster Teil, Leipzig 1787, S. 695–719, speziell zum Dichte-Faktor der Elastizität vgl. S. 701 ff. – Ich danke meinem Halleschen Kollegen, dem Wissenschaftshistoriker Andreas Kleinert für seinen Hinweis auf diesen Artikel.

[139] Das spezielle wissenschaftliche Erfahrungsurteil *Die Luft ist elastisch* ist zum ersten Mal von Michael Wolff, Die Analyse der Erfahrung in Kants *Prolegomena*, in: H. Lyre und O. Schliermann (Hg.), Kants *Prolegomena*. Ein kooperativer Kommentar, Frankfurt/M. 2012, S. 127–167, sorgfältig analysiert worden, vgl. bes. S. 132–134.

[140] Hervorhebung R. E.

[141] KrV, A 341, B 399, Kants Hervorhebung.

[142] Vgl. hierzu Dieter Henrich, Werke im Werden. Über die Genese philosophischer Einsichten, München 2011, bes. 9. Kap.

[143] KrV, A 100–102.

[144] Anthropologie in pragmatischer Hinsicht, Ak. VII, S. 415–416.

auf das logische Format des *Ich denke* bekundet. Doch ohne eine befriedigende Klärung dieses Formats kann es auch nicht gelingen zu klären, in welchem Sinne *genau und konkret* das *Ich denke* sowohl als Anhängsel jeder Erfahrung wie als stenographischer Ausdruck der ›denkenden Seele‹ ernstgenommen werden kann.

Wie ›zerstreut‹ Kants Beschäftigung mit diesem wohl subtilsten Thema seiner Ersten Kritik war, zeigt der Umstand, daß er zu der ausgereiftesten Charakterisierung des Formats und der Funktion des ›denkendes Wesen‹ im Status der Seele sogar erst während des unermüdlichen Nachdenkens seines letzten Lebensjahrzehnts gefunden hat: »Der logische Akt Ich denke […] ist ein Urtheil (iudicium). […] Es ist ein logischer Akt der Form nach ohne Inhalt«.[145] Diese Charakterisierung macht durch eine kunstvolle Zuhilfenahme der Unterscheidung zwischen Form und Inhalt auf ein etwas vertracktes formales Desiderat aufmerksam: Ob es möglich ist, den Unterschied zwischen der Form dieses Urteils und seinem fehlenden Inhalt, wie Kant an einer prominenten Stelle sagt, ›vor Augen zu stellen‹, also direkt zu repräsentieren. Für formal ungeübte Ohren mag es ein wenig verrückt klingen, nach der direkten Repräsentation eines fehlenden, also gleichsam abwesenden Inhalts zu fragen. Doch die moderne Formale Logik und ihre diversen Hilfsdisziplinen haben eine Vielzahl von an sich einfachen formalen Kunstgriffen entwickelt, mit deren Hilfe so etwas vergleichsweise leicht möglich ist. Einen dieser formalen Kunstgriffe hat die sog. Epistemische Logik eingeführt. Sie repräsentiert Sätze, mit denen Personen über ihr Wissen, ihre Meinungen, ihre Überzeugungen und über andere ihrer kognitiven Formate urteilen, in einer alltäglichen daß-Satz-Grammatik: *Ich weiß, daß p, ich meine, daß p, ich bin überzeugt, daß p* u. ä. Es liegt sofort auf der Hand, daß die Wendung …, *daß p* analog zu dem Kunstgriff verhilft, in der Form *Ich denke, daß p* den *fehlenden* Inhalt dieses Urteils *als* fehlenden direkt zu thematisieren. Dieses Urteil hat insofern keinen Inhalt, als in der vervollständigten Urteilsform *Ich denke, daß p*, gerade die Komponente …, *daß p* gleichsam *leer* bleibt, mit deren Hilfe ein konkreter Urteils-Inhalt lediglich in abstrakter Form angedeutet

---

[145] Op. post., Ak. XXII, S. 95. – Eine vorzügliche Rekonstruktion der Werkstattgeschichte von Kants Arbeit an der Struktur und der Funktion des *Ich denke* bietet die Untersuchung von Marc Zobrist, Subjekt und Subjektivität in Kants theoretischer Philosophie: eine Untersuchung zu den transzendentalphilosophischen Problemen des Selbstbewusstseins und Daseinsbewusstseins, Berlin 2011.

wird. Es wird auf diese Weise also ganz einfach von jedem beliebigen Urteilsinhalt abstrahiert, aber gleichzeitig wird das Ergebnis dieser Abstraktion durch den formalen Kunstgriff des …, daß p dennoch direkt *thematisiert*. Gleichwohl hat es im Sinne der von Kant systematisch berücksichtigten Urteilsformen der traditionellen Logik (s. u. S. 78–81) eine wohlbestimmte logische Form. Denn es wird von dem kategorisch fungierenden Subjekt *Ich …* und von dem ebenso kategorisch fungierenden Prädikat *… denke, daß p* gebildet.

Dieser einfache formale Kunstgriff kann den von Hause aus stillschweigenden und jedem Urteil, also auch jedem Erfahrungsurteil ›anhängenden‹ seelischen Akt des Denkens nachträglich auf der logischen und der transzendentalen Reflexionsstufe zur Sprache bringen: **Ich denke, daß** *die Sonne den Stein erwärmt*, **Ich denke, daß** *die Sonne das Wachs weicht* und **Ich denke, daß** *die Sonne den Ton härtet*.[146] Doch es ist gerade der normalerweise stillschweigende Anteil dieses ›beseelenden‹ Akts an den Urteilen, insbesondere an entsprechenden Erfahrungsurteilen, was ›die Form‹ bildet, die den durch sie repräsentierten Erfahrungen als ›subjektive Bedingung derselben anhängt‹.

Am paradoxen – also allen überlieferten Auffassungen vom Format und der Rolle der menschlichen Seele widerstreitenden – Charakter der menschlichen Seele, der sich auf diesen Wegen und Umwegen Kants abzeichnet, kann mit guten Gründen kein Zweifel möglich sein.

Es kommt hinzu, daß auch während Kants Lebenszeit der Gebrauch des Wortes *Seele* in den unterschiedlichsten Kontexten in verwirrender Weise synonym mit anderen Ausdrücken gebraucht wird. Ein Kenner der Philosophie des Deutschen Idealismus, die in der historiographischen Typologie ja auch Kants Philosophie einzuschließen pflegt,[147] hat in einem instruktiven Essay zur Musik-Ästhetik der Neuzeit zu Recht darauf aufmerksam gemacht, daß in diesen Kontexten dasselbe intentionale Korrelat »bald ›Seele‹, bald ›das Innere‹, bald ›Gefühl‹, bald ›Herz‹ oder ›Ichheit‹ genannt wird«.[148] Da solche Synonymien auch im Sprachgebrauch der Gegenwart einander

---

[146] Diesen Kunstgriff macht zu Recht auch Wolfgang Carl, The Highest Point in Transcendental Philosophy, in: Jahrbuch des Deutschen Idealismus 5 (2007), S. 32–46, bes. S. 41 f., fruchtbar.

[147] Vgl. Rüdiger Bubner, Kant, in: Deutscher Idealismus, hg. v. Rüdiger Bubner, Stuttgart 1978, S. 29–39.

[148] Jürgen Stolzenberg, »Seine Ichheit auch in der Musik heraustreiben«, München 2009, S. 18.

nahezu heillos unkontrolliert überschneiden, verlangt Kants ebenso konzentrierte wie subtile Auseinandersetzung mit dem Thema *Seele* am ›höchsten Punkt‹ seiner Philosophie allen Lesern – auch den Kant-Experten – eine ungewöhnliche hermeneutische Sorgfalt ab. Kants authentische problemgeschichtliche Nebenwege sind in diesem Zusammenhang so wichtig, weil sie der profilierenden Abgrenzung seiner Auseinandersetzung mit diesem Thema zugute kommen – auch dann, wenn sie mit den üblichen polemischen Stilisierungen verbunden sind. Nur dann, wenn man auch diese eigenen Nebenwege Kants gebührend berücksichtigt, kann der paradoxe Charakter seiner Erörterungen des ›höchsten Punkts‹ seiner Philosophie zugunsten von Plausibiltät überwunden werden – und zwar insbesondere auch zugunsten der Plausibiltät des Satzes, daß das ›Ich denke die Form ist, die jeder Erfahrung als bloß subjektive Bedingung derselben anhängt‹.

3.2.2. Anthropologie und der unthematische Akt des Denkens – die Seele

Stellt man die bisher erörterten Zusammenhänge dieser Konzeption der menschlichen Seele gebührend in Rechnung, dann fällt die größte Wichtigkeit dem zweiten authentischen Nebenweg Kants zu, auf dem er die Neuartigkeit dieser Konzeption unmittelbar im Horizont des gesuchten und gefundenen ›höchsten Punkts‹ wiederum mit Hilfe einer zweiten problemgeschichtlichen Anspielung weiter eingekreist hat. Diese Anspielung hat zwar einen direkt verständlichen Sachgehalt. Dennoch ist sie mit einer harten impliziten, aber ganz und gar nüchternen Kritik an einem entsprechenden Defizit der beiden prominentesten empiristischen Vorgänger-Theorien John Lockes und David Humes verbunden. Kants Kritik ist in dem lapidaren Satz zusammengefaßt: »[…] das empirische Bewußtsein, das verschiedene Vorstellungen begleitet, ist an sich zerstreut«.[149] Er spielt damit auf die *zeitliche* Form an, in der sich im Licht dieser Theorien die elementaren sinnlichen Vorstellungen (*ideas, impressions, sensations*) unaufhörlich immer nur *nach und nach, sukzessiv* im empirischen Bewußtsein der Menschen einstellen.[150] Zwar charakterisiert auch Kants

---

[149] B 133.
[150] Vgl. besonders markant Hume, Treatise: »the continuance and extent of this succession of perceptions«, S. 247.

Theorie die Zusammenhänge zwischen diesen Elementen des empirischen Bewußtseins vor allem durch diese temporale Struktur: »[…] meine Vorstellungen folgen einander«.[151] Doch das strukturelle Defizit, das sich die empiristischen Vorgänger-Theorien im Licht von Kants kritischer Bemerkung einhandeln, ergibt sich vor allem aus der Ausschließlichkeit, mit der sich in ihrem Licht das Bewußtsein-überhaupt des Menschen in der zeitlichen Zerstreuung dieser sinnlichen *ideas-, impressions- und sensations-*Elemente erschöpft. Denn diese zeitliche Form der Zerstreuung des empirischen Bewußtseins »ist […] ohne Beziehung auf die Identität des Subjekts«.[152] Gleichwohl unterstellen die Autoren dieser Theorien offensichtlich, daß jeder Mensch zumindest ab irgendeinem Mindestalter von einer solchen Identität seines Subjekts geprägt ist. In John Lockes Theorie ist diese *personal identity*[153] sogar so sehr der Normalfall der Menschen, daß er über beobachtbare ausnahmsweise Verfallsformen dieser personalen Identität berichten kann. Sie zeigen sich in seiner zeitgenössischen britischen Lebenswelt bei Menschen, die sich in offenkundiger geistiger Verwirrung z. B. mit Sokrates identifizieren.[154]

Doch wie Kant zu verstehen gibt, analysieren und beschreiben diese Autoren das empirische Bewußtsein in ihren Theorien, indem sie sich darüber täuschen, daß »[d]iese Beziehung [auf die Identität des Subjekts] […] dadurch noch nicht [geschieht], daß ich *jede* [*einzelne*, R. E.] Vorstellung mit Bewußtsein begleite«[155] – also jede einzelne Vorstellung *nach* der anderen. Insofern »[ist] das empirische Bewußtsein, welches verschiedene Vorstellungen begleitet, […] *an sich* zerstreut«,[156] also zeitlich zerstreut. Trotz der Unscheinbarkeit ihres *an-sich*-Elements macht diese Diagnose mit Hilfe eben dieses Elementes darauf aufmerksam, daß das empirische Bewußtsein lediglich *ohne die Obhut einer externen Hilfe* zerstreut ist – nämlich ohne die Obhut, die jedem seiner menschlichen Inhaber durch eine spezi-

---

[151] KrV, A 37, B 54*.

[152] Ebd.

[153] Vgl. Locke, Essay, Book II, Ch. XXVII, Sect. 9 ff.

[154] Vgl. Sect. 14; allerdings stellt Locke die Diagnose einer defizitären *personal identity* dieser Person mit Hilfe seines Kriteriums in Frage, in dessen Licht sich eine identitätsdefizitäre Person *Handlungen oder Gedanken* zuschreibt, die im kollektiven Bewußtsein einer anderen Person zugeschrieben werden: »would anyone say that he, being not conscious of any of *Socrates*'s actions or thougts, could be the same person as *Socrates?*«, S. 284.

[155] KrV, B 133.

[156] Ebd., Hervorhebung R. E.

fisch menschliche Fähigkeit zuteil wird: Er kann sich in der temporal
›zerstreuten‹ Vielheit seiner sich unaufhörlich nacheinander einstel-
lenden sinnlichen Widerfahrnisse (Reize, Empfindungen, Gefühle
u. ä.) jedenfalls an *irgendeiner* Einheit orientieren, zu deren Gunsten
er diese zerstreute Vielheit überwinden kann. Ohne die Obhut einer
solchen Fähigkeit – also im empirischen Bewußtsein *an sich* – könnte
er sich im ›Gewühle dieser Erscheinungen‹ einer Einheit oder Identität seines Subjekts niemals inne werden.

Eine Analogie mag die Struktur des von Kant beschriebenen
›Gewühles der Erscheinungen‹ des empirischen Bewußtseins für zeit-
genössische Leser besonders verdeutlichen: Es ist angesichts der dem
Menschen gegebenen Sinnesfunktionen so als würden fünf verschiedene ›Filme‹ mit ihren fünf sinnesspezifischen Meldungen nicht nur
gleichzeitig spielen, sondern sich *in jedem einzelnen Augenblick* der
unaufhörlich aufeinander folgenden Augenblicke wie in einem magi-
schen Punkt überschneiden und ihre sinnesspezifischen Meldungen
in diesem Punkt kumulierend zusammentreffen lassen; in einer solchen unaufhörlich kaskadenhaft kumulierenden ›Ausschüttung‹ dieser ungezählten sinnesspezifischen Meldungen des empirischen Bewußtseins würde sich ein Träger eines solchen Bewußtseins heillos
verlieren. Man könnte daher, streng genommen, noch nicht einmal
sinnvoll von *Einem* solchen Träger sprechen, weil es ausschließlich *so
viele verschiedene pseudopersonale Medien* sinnesspezifischer Meldungen geben würde wie es magische Augenblicke von unaufhörlich
aufeinander folgenden kumulierenden Ausschüttungen solcher sinnesspezifischen Meldungen gäbe.

In welchem Maß Kants kritische Bemerkungen über die ›Zerstreuung‹ des empirischen Bewußtseins zu den polemischen Stilisierungen – auch Selbststilisierungen – gehören, ohne die kein philosophischer Autor zur Profilierung der Neuartigkeit seines eigenen
Ansatzes auskommt, darf hier offen bleiben. Doch wie die unablässigen Untersuchungen zeigen, die während der nahezu hundert Jahre
angestellt worden sind, seit Lockes empiristisches Hauptwerk diese
Tradition gestiftet hat, mußte die philosophische Reflexion und Analyse nach der elementarsten Form einer für die persönliche Identität
eines Menschen notwendigen Einheit erst noch mühsam »suchen«.[157]
Das von Reinhard Brandt erstmals edierte Manuskript eines Pseudo-

---

[157] B 131.

Mayne *Über das Bewußtsein*[158] von 1728 zeigt, wie verschlungen und teilweise immer noch unbekannt die Wege dieser Suche bis zum Ende des 20. Jahrhunderts waren.

Das Ziel dieser Suche konnte jedoch erst mit den methodischen Mitteln von Kants Ansatz angemessen thematisiert, zur Sprache gebracht und analysiert werden, indem er seine Urteils-Analysen buchstäblich auf die Spitze, auf ihren abstraktivsten, »höchsten Punkt«[159] trieb. An diesem Punkt sieht er ein, daß die Menschen durch die turbulenten Widerfahrnissen ihres Gemüts – ihre Sinnesreize, Empfindungen und Gefühle – in einem traumatischen Affektsturm untergingen, wenn sie nicht die Fähigkeit hätten und auszuüben lernen würden, solche Elemente allmählich und schrittweise in zunehmend komplexer werdenden *wahrheitsfähigen Urteilen* zu verflechten. Diese elementarste menschliche Fähigkeit apostrophiert Kant unter dem traditionsreichen Namen der Seele. Der scheinbar bloß für die Logik relevante Gedanke der urteilsförmigen Wahrheitsfähigkeit des Menschen sollte nicht über seine spezifisch anthropologische Relevanz hinwegtäuschen. Denn nur, wenn ein Mensch z.B. die ihm widerfahrende Empfindung von etwas Hartem z.B. mit dem ganz anderen ihm ebenfalls widerfahrenden Wahrnehmungsreiz eines anderen sinnenfälligen Phänomens zugunsten des primitiven Urteils *Dies ist hart* verbinden kann, hat er seine *Zerstreuung* in diese beiden Widerfahrnisse überwunden und seine Identität als Stifter eines wahrheitsfähigen Urteils auf der niedrigsten Komplexitätsstufe der urteilsförmigen Verbindung solcher an sich zerstreuten Widerfahrnisse seines Gemüts gewonnen. Erst von hier aus kann ein Mensch nicht nur dahin gelangen, immer komplexere Verbindungen solcher Widerfahrnisse seines Gemüts zugunsten von wahrheitsfähigen Urteilen zu gewinnen. Durch dieselben komplexer werdenden Urteilsakte – und nur durch sie – kann er auch eine immer komplexer werdende persönliche Identität erwerben.

Der Suche nach dieser zentralen Fähigkeit und der spezifischen Form ihrer Ausübung hat Kant erst 1787 – also in der zweiten Auflage der Ersten Kritik – eine zwar abstrakte, aber doch unmißverständliche Erfolgsbedingung vorgeschaltet. Er hat die Identität der

---

[158] Pseudo-Mayne, Über das Bewußtsein 1728, Übersetzt und mit Einleitung und Anmerkungen herausgegeben von Reinhard Brand, Englisch-Deutsch, Hamburg 1983.
[159] KrV, B 134.

Person im Licht seiner Theorie an die formale Bedingung gebunden, »daß ich eine [Vorstellung] zu der anderen *hinzusetze* und mir der Synthesis derselben bewußt bin. Also nur dadurch, daß ich ein Mannigfaltiges gegebener Vorstellungen *in einem Bewußtsein* verbinden kann, ist es möglich, daß ich mir die *Identität* [bzw. Einheit, R. E.] *des Bewußtsein in diesen Vorstellungen* selbst vorstelle«.[160] Ganz unmißverständlich wird damit die Suche nach einer Überwindung der Befangenheit in einer ›Zerstreuungs‹-Konzeption des empirischen Bewußtseins durch eine Konzeption gesucht, die klärt, *wie* – also *in welcher Form* – es einem Menschen gelingen kann, die ›an sich zerstreuten‹ Elemente seines empirischen Bewußtseins so miteinander zu verbinden, daß er sich durch das Bewußtsein seiner eigenen aktiven Stiftung der Verbindung solcher Elemente – und nur dadurch – seiner persönlichen Identität *als* Stifter einer solchen Verbindung bewußt wird. Zwar bleibt die konkrete Form einer solchen Verbindung hier noch unbestimmt. Doch Kant hat die Suche nach ihr offensichtlich ganz sorgfältig an zwei aufeinander folgende Schritte gebunden: Zunächst an die abstrakte, aber unmißverständliche Bedingung, daß diese Suche nur dann Erfolg haben kann, wenn sie eine Form der Verbindung ausfindig machen kann, durch die sich jedem Menschen die Möglichkeit eröffnet, eine solche Verbindung durch eine geeignete Bewußtseinstätigkeit zu stiften; sodann an einen noch nicht geklärten Rekurs auf eine Form der Bewußtseinstätigkeit, die zwar jedem Menschen diese Möglichkeit eröffnet, aber für die entsprechenden Bemühungen der Philosophie in ihrer bisherigen Geschichte undurchschaut geblieben zu sein schienen.

Doch unmittelbar in dem Kontext, in dem Kant die Suche nach dieser Bedingung einleitet, verläßt er sich auch schon darauf, daß wir sie, wenn wir sorgfältig und gründlich genug suchen, schließlich auch finden, und zwar »in demjenigen, was selbst den *Grund* der Einheit verschiedener [mannigfaltiger, R. E.] Begriffe *in Urteilen* [...] enthält«.[161] Dieser Hinweis Kants, den ›*Grund* der Einheit in Urteilen‹ zu suchen, ist nicht nur für die überlieferten Bemühungen der Philosophie um eine Klärung dieser Bedingung paradox, also *wider* alle im Laufe der philosophischen und der theologischen Problemgeschichte akzeptierten Auffassungen. Es ist für das alltägliche Selbstverständnis der Menschen nicht weniger paradox, daß diese Be-

---

[160] B 131.
[161] Ebd., Hervorhebungen R. E.

dingung in ihrer alleralltäglichsten und unauffälligsten Tätigkeit in Erfüllung gehen kann – in ihrer seit unvordenklichen Zeiten selbstverständlich gewordenen Praxis des Urteilens über alles und jedes, was ihnen in ihrem alltäglichen Leben mehr oder weniger bedeutsam erscheint. Doch Kants Rekurs auf die ›Einheit *in Urteilen*‹ ist in diesem Kontext ein unmißverständlicher Hinweis auf seine nur zwei Abschnitte zuvor präsentierte Formale Logik,[162] in deren Mittelpunkt die »Funktionen der *Einheit* in den Urteilen«[163] behandelt werden (s. u. Abschn. 3.2.3.). Die doppelte Paradoxie dieses Rekurses gewinnt sogar noch an Bedeutsamkeit, weil Kant ihren Inhalt – also den gesuchten ›*Grund* der Einheit in Urteilen‹ – als die Keimzelle der Charakteristik der menschlichen Seele fruchtbar macht (s. u. S. 74–77). Bevor diese extrem subtil erörterte Charakteristik um ihrer selbst willen zu Worte kommen kann (s. u. Abschn. 3.2.2.), soll ihre Bedeutsamkeit für ein besseres Verständnis jedoch durch einen weiteren Nebenweg eingekreist werden.

Denn mit dem Rekurs auf den ›Grund der (gesuchten) Einheit in Urteilen‹ tritt Kant nicht nur den letzten und radikalsten abstraktiven Reflexionsschritt hinter die von ihm zuvor entworfene Analyse der logisch-grammatischen Formen der Urteile zurück. Vor allem stellt er dadurch nicht nur klar, daß wir ›nur durch Urteile denken können‹, sondern auch umgekehrt Urteile ohne den stillschweigenden seelischen Akt des ›Denkens des Ich‹ nicht bilden könnten. Doch bei diesem Grund handelt es sich um nichts anderes als um den an sich stillschweigenden seelischen Akt, der in Form des Mikro-Urteils *Ich denke* bzw. unter dem terminologischen Namen der *reinen und ursprünglichen Apperzeption*[164] zum ersten Mal zur Sprache gebracht wird. Kant ist sich des Spannungsverhältnisses zwischen dem an sich stillschweigenden Charakters dieses Akts und seiner nachträglichen sprachlichen Thematisierung durch die logische und transzendentale Reflexion und Analyse durchaus im klaren. Denn er betont, daß der Akt der so apostrophierten Apperzeption vom denkend-urteilenden Subjekt stillschweigend geübt wird, also »ob ich mich ihrer gleich nicht als solcher bewußt bin«.[165]

---

[162] Vgl. A 67, B 92; A 76, B 101.

[163] A 69, B 94, Hervorhebung R. E.

[164] Vgl. KrV, B 132.

[165] Ebd. – Eine aufschlußreiche halbmetaphorische Analogie zum stillschweigend-unbewußten Anteil des spontanen seelischen Akts des *Ich denke* bildet die Charakterisierung, die G. W. F. Hegel, Enzyklopädie der philosophischen Wissenschaften, in:

Dieser neue Nebenweg beginnt mit einer Überlegung, durch die Kant mehr als mit jeder anderen die paradoxe Bedeutsamkeit verdeutlicht, die in diesem thematischen Zusammenhang sogar nur mit der ausschließlichen Konzentration auf das großgeschriebene Pronomen der Ersten Person des unscheinbaren Mikro-Urteils *Ich denke* verbunden ist, das ja ›die Form ist, die jeder Erfahrung als subjektive Bedingung derselben anhängt‹ (s. o. S. 56 f.): »Daß der Mensch in seiner Vorstellung das Ich haben kann, erhebt ihn unendlich über alle andere auf Erden lebende Wesen. Dadurch ist er *eine Person* und, vermöge der Einheit des Bewußtseins, bei allen Veränderungen, die ihm zustoßen mögen, eine und dieselbe Person«.[166] Mit dieser radikalen, mikrologisch am Ersten Personalpronomen orientierten Grenzziehung zwischen dem Menschen und allen anderen auf Erden lebenden Wesen hat Kant, ohne das Wort hier in den Mund zu nehmen, die Bedeutsamkeit charakterisiert, die er schon in der Ersten Kritik ausdrücklich der menschlichen *Seele* zuschreibt, sofern sie in der Gestalt des Ersten Personalpronomens als grammatisch-logisches Subjekt des Urteils *Ich denke* fungiert (s. u. Abschn. 3.2.2.).

Diese radikale, die Einzigartigkeit des Menschen charakterisierende Grenzziehung ist von Kants unmittelbar nachfolgenden prominentesten Philosophen Fichte, dem frühen Schelling und Hegel sofort gesehen und in deren Schriften in unterschiedlichen methodischen Einstellungen respektiert worden. Doch zu den Nebenwegen, mit deren Hilfe man Kants radikale und daher paradoxe Auffassung dem Verständnis näherbringen kann, indem man es auf solchen Ne-

---

ders., Sämtliche Werke. Jubiläumsausgabe in zwanzig Bänden, Hg. Hermann Glockner, Sechster Band, Stuttgart-Bad Cannstatt, 1988, S. 1–310, formuliert. Er attestiert ihr hier, »der *Schlaf* des Geistes«, S. 232, Hegels Hervorhebung, zu sein. Auch vom seelischen Vermögen der Apperzeption kann man sagen, daß es gleichsam so lange schlafe, wie sein Inhaber von ihm nicht zugunsten von urteilsförmigen Verflechtungen der ihm widerfahrenden Phänomene aus dem »Gewühle von Erscheinungen«, A 111, spontan Gebrauch macht. Das seelische Vermögen der Apperzeption wird also jedesmal dann gleichsam aufgeweckt, sobald sein Inhaber von ihm zugunsten irgendeines Urteils spontan Gebrauch macht. Außerdem ›schläft‹ die Seele im Licht von Kants Theorie und im Unterschied zu Hegels Konzeption der Seele ausschließlich und charakteristischerweise im Gemüt des Menschen, aber nicht – wie im Licht von Hegels Konzeption – außerdem auch im Gemüt der Tiere. Zu Hegels Konzeption vgl. die aufschlußreichen Erörterungen durch Michael Wolff, Das Körper-Seele-Problem. Kommentar zu Hegel, Enzyklopädie (1830), § 389, Frankfurt/Main 1992, bes. S. 51–55.
[166] Anthropologie in pragmatischer Hinsicht, Ak. VII, S. 127, Kants Hervorhebungen.

benwegen gleichsam einkreist, gehört auch die Rücksicht auf die
Kritik, die sich eine solche Verabsolutierung des großgeschriebenen
Ich zugezogen hat.[167] Eine Schlüsselrolle auf dem Weg zu dieser Kritik fällt bis heute dem Weg zu, auf dem sich Ludwig Wittgenstein mit
dieser Verabsolutierung des großgeschriebenen Ich von den Anfängen seiner philosophischen Arbeit bis zu deren ausgereiftem
Format auseinandergesetzt hat. Gleichsam wie unter einem Vergrö-
ßerungsglas zeigt diese Auseinandersetzung, wie ein eminenter Den-
ker von der von ihm selbst zunächst erwogenen Verabsolutierung des
großgeschriebenen *Ich* zu deren radikaler Verwerfung gelangen kann.
Eine zunächst noch offene Frage ist, ob diese Verwerfung und ihre
Begründung durch Wittgenstein in irgendeinem Sinne auf eine sachliche oder methodische Schwäche von Kants Grenzcharakterisierung
dieses *Ich* aufmerksam machen können.

In den Aufzeichnung seiner *Tagebücher 1914–1916*[168] notiert
Wittgenstein: »Das Ich, das Ich ist das tief Geheimnisvolle!«[169] Noch
über ein Jahrzehnt später beunruhigt ihn die Tiefe und Fülle dieses
Geheimnisses so sehr, daß er notiert: »Die Atmosphäre, die diesen
Punkt umgibt, ist schrecklich«.[170] Die Tiefe und Fülle des Geheimnisses, das er in seinen Kriegs-Tagebüchern diagnostiziert hatte, führt er
jetzt darauf zurück, daß »[d]ichte Nebel der Sprache [...] um den pro-
blematischen Punkt gelagert sind«.[171] Da Wittgenstein in den von
ihm hinterlassenen Schriften kaum jemals direkte, insbesondere bi-
bliographische Spuren einer Auseinandersetzung mit der überlieferten Philosophie zeigt, ist es fast schon verblüffend, daß er seine frü-
heste konstruktive Auseinandersetzung mit dem Format des ›tief
geheimnisvollen Ich‹ geradezu wörtlich mit einer Grenzbestimmung
beginnt, wie Kant sie lediglich implizit zu verstehen gegeben hat:
»Das philosophische Ich [...], das metaphysische Subjekt, [ist] die

---

[167] Die schreibtechnische Apostrophierung des *großgeschriebenen Ich* ist vor allem
von Ernst Tugendhat, Selbstbewußtsein und Selbstbestimmung. Sprachanalytische
Interpretationen, Frankfurt/Main 1979, unter der Überschrift *Abstieg vom Ich zum
»ich«* benutzt worden, vgl. bes. S. 68–90.
[168] Ludwig Wittgenstein, Tagebücher 1914–1916, in: ders., Schriften, Frankfurt/Main
1960, S. 85–185.
[169] S. 173, 4. 8. 16.
[170] Ludwig Wittgenstein, Aufzeichnungen für Vorlesungen über »privates Erlebnis«
und »Sinnesdaten«, in: ders., Vortrag über Ethik und andere kleine Schriften (Hg.
Joachim Schulte) Frankfurt/Main, 1989, S. 84.
[171] S. 85.

Grenze (nicht ein Teil) der Welt«.[172] In seinem wenige Jahre später publizierten *Tractatus logico-philosophicus* von 1921[173] wiederholt er dieselbe Grenzbestimmung, aber ohne Einschränkung auf dessen philosophisch-metaphysischen Charakter: »Das Subjekt gehört nicht zur Welt, sondern es ist eine Grenze der Welt«.[174] Diese Grenzbestimmung steht jetzt allerdings schon im unmittelbaren Zusammenhang mit seiner damaligen sprachphilosophischen Auffassung: »*Die Grenzen meiner Sprache* bedeuten die Grenzen meiner Welt«.[175]

Diese wenigen Zitate können hier selbstverständlich nicht als Elemente einer auch nur annähernd angemessen Interpretation von Wittgensteins weitläufigen und tiefschürfenden sprach- und sozialphilosophisch orientierten Untersuchungen in Anspruch genommen werden.[176] Auf dem hier begangenen aktuellen Nebenweg zu einer inzwischen vielfach fruchtbar gemachten Kritik an der Thematisierung eines großgeschriebenen *Ich* bilden sie lediglich besonders markante Blickfänge, die direkt zu dieser vor allem durch Wittgenstein selbst erarbeiteten Art von Kritik führen können. Diese Kritik ist nicht zuletzt deswegen besonders lehrreich, weil es sich bei ihr im wesentlichen um eine Selbstkritik handelt. Vor allem seine frühe Tagebuch-Apostrophierung eines ›metaphysischen Ich‹ führt direkt zu dieser selbstkritischen Wende. Denn in der am weitesten ausgereiften Form seiner Untersuchungen, den postum veröffentlichen *Philosophischen Untersuchungen*[177] von 1953 gehört sie direkt in den Horizont seines Programms: »*Wir* führen die Wörter von ihrer metaphysischen auf ihre alltägliche Verwendung zurück«.[178] Diese Zurückführung ist, ungeachtet der Einfachheit des Wortes *zurückführen* und des Anscheins der Definitivität der Wendung *ihre alltägliche Verwendung*, nicht einfach bzw. nicht definitiv möglich. Doch auf einem Nebenweg, der ausschließlich dazu dient, einen der gegen-

---

[172] S. 175, 29. 8. 16.

[173] Ludwig Wittgenstein, Tractatus logico-philosophicus / Logisch-philosophische Abhandlung (¹1921), in: ders., Schriften, Frankfurt/Main 1960.

[174] Nr. 5.632, S. 65.

[175] Nr. 5.6, S. 64.

[176] Vgl. hierzu Eike von Savigny, Der Mensch als Mitmensch. Wittgensteins »Philosophische Untersuchungen«, München 1996.

[177] Ludwig Wittgenstein, Philosophische Untersuchungen (¹1953), in: Schriften, S. 279–544.

[178] § 116, S. 343, Wittgensteins Hervorhebung.

wärtig prominentesten und am tiefsten durchdachten Aspekte für
eine kritische Betrachtung des ›metaphysischen Gebrauchs‹ des Ersten Personalpronomens fruchtbar zu machen, genügt auch das Paradigma einer einzigen alltäglichen, also nichtmetaphysischen Verwendungsweise, um verständlich zu machen, gegen was für Mißverständnisse Kants fundamentalanthropologische Verwendung des
großgeschriebenen Ersten Personalpronomens in Schutz genommen
werden muß und kann.

Eine dieser paradigmatischen alltäglichen Verwendungsweisen
des kleingeschriebenen »ich« hängt mit dem »wissen, *wer* [...]«[179]
jemand in einer bestimmten Situation ist, und daher mit nur *Einem*
»der sehr verschiedenen Kriterien der ›Identität‹ der Person«[180] zusammen. Doch damit ist auch schon der springende Punkt der Diffe-
renz zu Kants fundamental-anthropologischer Verwendungsweise
markiert. Denn Kant geht es definitiv nicht um *Kriterien* der Identität
einer individuellen Person in den diversen Situationen ihres mitmenschlichen Lebens,[181] sondern um *die Bedingungen der Möglichkeit jedes individuellen Mensche*n, in allen möglichen Situationen
seines mitmenschlichen Lebens überhaupt die Identität einer individuellen Person zu *gewinnen*. Diese außerordentliche Möglichkeits-
bedingung apostrophiert Kant sowohl mit dem traditionsreichen
Namen der Seele wie mit dem großgeschriebenen Ersten Personalpronomen in der Rolle des grammatisch-logischen Subjekts des
Mikro-Urteils *Ich denke*.

Unter diesen Voraussetzungen liegt es fast schon auf der Hand,
daß und warum man auf dieses Mikro-Urteil nicht angemessen mit
der Frage reagieren kann, *wer* denkt, und so tun kann, als wollte Kant
mit seiner Formulierung verstehen, daß er selbst die denkende individuelle Person sei, auf die sich dieses Mikro-Urteil bezieht. Er hat ein
solches Mißverständnis des Status und der Rolle des großgeschriebenen Ersten Personalpronomens in seiner Theorie selbst vorhergesehen und ironisch gewarnt, das grammatisch-logische Subjekt dieses
Urteils mit dem »Tagebuch-Ich«[182] zu verwechseln. In einer scharfsinnigen Analogie hat Günther Patzig in besonders instruktiver Weise auf den Aspekt aufmerksam gemacht, unter dem dieses struktu-

---

[179] §404, S. 428, Wittgensteins Hervorhebung.
[180] Ebd., S. 429.
[181] Vgl. hierzu von Savigny, Mitmensch.
[182] Anthropologie, Ak. VII, S. 132.

relle Mißverständnis überwunden werden kann.[183] Patzig fingiert jemand, »der von den handelnden Personen in Homers Gedicht vom Kampf um Troja hört und Achilles, Menelaos, Hektor, Helena und Paris kennt und nun fragt: Und wer ist eigentlich diese Ilias?«.[184] Der Name *Ilias* ist eben nicht der einer individuellen Person, sondern hat die rein formale Funktion, die Stiftung des einheitlichen *narrativ-literarischen* Zusammenhangs sämtlicher sprachlicher Elemente zu thematisieren, mit deren Hilfe der altgriechische Rhapsode vom Kampf um Troja spricht. Und ganz analog hat *im Kontext von Kants Theorie* das grammatisch-logische Subjekt *Ich ...* in seiner Verbindung mit dem Prädikat *... denke* eine rein formale Funktion – den Akt zu thematisieren, durch dessen *stillschweigende* Beteiligung – und nur durch dessen stillschweigende Beteiligung – einem denkenden Wesen die Orientierung an einer Einheit eröffnet wird, deren *Form* zwar noch unbestimmt ist, aber deren *Funktion* ausschließlich darin besteht, ihm zur Überwindung seiner andernfalls drohenden Zerstreuung im ›Gewühle der Erscheinungen‹ – also seiner sensorischen Reize, Empfindungen, Gefühle, aber auch Träume – zugunsten seiner persönlichen Identität zu verhelfen.

Dieser Akt der ursprünglichen *Orientierung* an einer Einheit mit dieser Stiftungsfunktion – nicht der Akt der *Stiftung* der Einheit im Urteil, also nicht der Akt des Urteilens – ist der eigentliche seelische Akt. Seine Charakterisierung ist so schwierig, weil sein stillschweigender Charakter und seine seelische Sublimität eine außerordentliche Form und ein außerordentliches Maß an analytischer Subtilität nötig machen. Terminologisch ist dieser Akt »die *reine* [...] oder auch die *ursprüngliche Apperzeption*«.[185] Kant charakterisiert diese stillschweigende Apperzeption daher auch ausdrücklich durch die Einschränkung, »ob ich mich ihrer gleich nicht als solcher bewußt bin«.[186] Mit dieser Einschränkung macht Kant unmißverständlich darauf aufmerksam, daß es sich beim Akt der ›reinen und ursprünglichen Apperzeption‹ um einen einzigartigen, unterhalb der Bewußtseinsschwelle in unthematischer Weise ausgeübten, also stillschweigenden Akt handelt. Dieser springende Punkt, also der un-

---

[183] Vgl. Günther Patzig, Immanuel Kant: Wie sind synthetische Urteile a priori möglich?, in: J. G. Speck (Hg.), Grundprobleme großer Philosophen. Philosophie der Neuzeit II. Göttingen 1976, S. 9–70.
[184] S. 63.
[185] KrV, B 132, Kants Hervorhebungen.
[186] Ebd., Hervorhebungen R. E.

thematisch-stillschweigende Charakter dieses apperzeptiven Akts verdient indessen – wie für Kant selbst – die größte und subtilste Aufmerksamkeit auch seines Lesers. Denn seine Erörterung ist mit der geradezu revolutionären Charakteristik der Seele des Menschen verbunden: Sowohl in der ersten wie in der zweiten Auflage der Ersten Kritik formuliert Kant diese Charakteristik. Er thematisiert hier »das denkende Ich [...] die Seele«[187] und sagt, daß das »Ich, als denkend, [...] Seele [heiße]«.[188] Dieser Akt der Orientierung, den Kant als ›die *reine* bzw. die *ursprüngliche Apperzeption*‹ apostrophiert, ist rein, weil er rein *von* allen empirischen Momenten und Elementen ist. Diese können erst durch die empirischen Umstände konkreter Urteilsakte bzw. durch empirische Inhalte konkreter Urteile ins Spiel kommen; und ursprünglich ist dieser Akt, weil er den Ursprung der *Orientierung* an einer noch unbestimmten Einheit bildet, deren effektive Stiftung aber für den Gewinn der persönlichen Identität ihres jeweiligen Stifters unbedingt nötig ist.

Es bedarf daher noch einer ganz besonderen reflexiven und analytischen Anstrengung, um der *genau bestimmten Form* der Einheit auf die Spur zu kommen, die diese Rolle der Einheitsstiftung erfüllt. Diese Anstrengung hat Kant zu der Einsicht geführt, daß »die logische Form des Urteils«[189] diese Rolle ausübt, weil diese logische Form in erster Linie in den »Funktionen der *Einheit in den Urteilen*«[190] besteht. Diese Schlüsselrolle ist zwar primär für die von ihm berücksichtigten elementarsten logischen Formen der Einheit des Urteils ausschlaggebend. Doch eine der bedeutsamsten Einsichten, die Kant im Zusammenhang mit der Klärung der Schlüsselrolle der relativ wenigen elementarsten ›logischen Formen des Urteils‹ gelungen ist, besteht indessen in der Einsicht, daß gerade sie in ihrer elementaren Übersichtlichkeit und Einfachheit es sind, die für den Gewinn der personalen Einheit bzw. Identität jedes Menschen auch die elementarsten Bedingungen bilden.

Zwar läßt diese spontane Orientierung die *Form* ganz unbestimmt, in der der Mensch eine solche Einheit konkret und in nachvollziehbarer Weise gewinnen kann – also die Überwindung der temporalen Zerstreuung der sein empirisches Bewußtsein unaufhörlich

---

[187] KrV, A 361.
[188] A 342, B 400.
[189] A 79, B 105.
[190] A 69, B 94, Hervorhebungen R. E.

bestürmenden Widerfahrnisse. Dennoch ist es der transzendentalen Reflexion und Analyse vorbehalten, die kognitive Schlüsselrolle dieser ursprünglichen, seelischen Orientierung zum ersten Mal in allen ihren formalen und funktionalen Einzelheiten ausdrücklich und vollständig *zur Sprache zu bringen* – ihr also aus der Abgeschiedenheit ihrer unthematisch-stillschweigenden, wenngleich spontanen Orientierungsfunktion ans Licht ihrer thematischen sprachlichen Artikulation zu verhelfen. Zwar läßt diese ursprüngliche Orientierung die Form unbestimmt, in der die durch sie ins Auge gefaßte Verbindung-eines-Mannigfaltigen-zu-einer-Einheit konkret und in nachvollziehbarer Weise gewonnen werden kann. Gleichwohl hat Kant diese Form unmißverständlich und unmittelbar mit dem Satz zu verstehen gegeben, mit dem er sagt, daß diese Orientierung ›selbst den Grund der Einheit verschiedener Begriffe *in Urteilen* enthält‹. Denn diese Charakterisierung formuliert Kant im Schutz seiner zuvor entworfenen formal-logischen Kerntheorie. Sie macht auf der von der apperzeptiv-seelischen Grundorientierung vorgezeichneten Linie auf die elementarste Form der Verbindung bzw. Synthesis aufmerksam, von der der Mensch vor allem auch zugunsten des Gewinns und der Bewahrung der Identität seiner Person Gebrauch machen kann und muß. Bei dieser Form von Verbindung handelt es sich daher – dank der apperzeptiven Grundorientierung, an der sie teilhat – um einen »Aktus der Spontaneität«, der »nur vom Subjekte selbst verrichtet werden kann, weil sie ein Aktus seiner Selbsttätigkeit ist«.[191] Doch diese Form der Verbindung kann ihm in konkreter und nachvollziehbarer Weise nur deswegen gelingen, weil sie durch spontane bzw. selbsttätige Rückgriffe »auf logische Funktionen der Einheit in Urteilen«[192] gelingt. Denn »*Alle Urteile* sind demnach Funktionen der Einheit unter unseren Vorstellungen«.[193] Es sind also ausschließlich Urteile, die den konkreten und nachvollziehbaren, durch den apperzeptiven Orientierungsakt spontan ›beseelten‹ Vollzugscharakter des Denkens bilden. Kurz: »Wir können nur *durch* Urteilen denken«.[194]

---

[191] B 130.
[192] B 131.
[193] A 69, B 94, Hervorhebungen R. E.
[194] R 5650, Hervorhebung R. E. Kants andere These »Also *ist* Denken so viel als Urteilen«, Prolegomena, Ak. IV, 304, Hervorhebung R. E., leidet unter der notorischen Vieldeutigkeit der Kopula *ist*. Gleichwohl macht die *ist*-These auf die Verschmelzung des spontanen seelischen Akts mit dem jeweiligen Urteilsakt aufmerksam: Keiner ist ohne den anderen möglich, wenngleich der spontane seelische, apperzeptive Akt ur-

Im denkenden Urteilen *zeigt sich* ›das denkende Ich, die Seele‹, wenngleich es im Medium der Urteile nicht gleichsam im eigenen Namen *spricht*.

Den springenden Punkt in Kants Konzeption der Seele bildet daher die methodische Einstellung, in der Kant zu seiner Auffassung gelangt ist: Wenn ihm kein Fehler unterlaufen ist, dann spricht die Seele zwar nicht, aber *sie zeigt sich* für den transzendental und logisch reflektierenden und analysierenden Autor – und nur für ihn –, wenn er sich gründlich genug fragt, wodurch der Mensch davor bewahrt wird, sich im Affektsturm der mannigfaltigen ihm unaufhörlich widerfahrenden sinnlichen und emotionalen Reize – im ›Gewühle der Erscheinungen‹ – heillos zu zerstreuen. Im Andrang dieser Frage kommt Kant der spontan ›beseelenden‹ Orientierung auf die Spur, die die reine und ursprüngliche Apperzeption den ebenso spontanen Rückgriffen des Menschen auf die ›Funktionen der Einheit in den Urteilen‹ mitteilt. Die Tragweite dieser Spontaneitätsmitgift reicht unter diesen Voraussetzungen bis in die praktische – also moralische, rechtliche und rechtspolitische – Urteilsbildung des Menschen. Denn die vielbeschworene, zuerst von Kant mit der angemessenen Emphase apostrophierte praktische *Autonomie* des Menschen ist nichts anderes als die jedem individuellen Menschen *mögliche* moralische, rechtliche und rechtspolitische Urteilsbildung, die er spontan, also selbst – αὐτός – und im Licht eines gesetzesförmigen Kriteriums – νόμος – tätigen und praktisch befolgen kann.[195] Doch der spontane, ›beseelte‹ Charakter der Urteile ist eine *Mitgift* des spontan ›beseelenden‹ Charakters der apperzeptiven Grundorientierung an der Einheit-des-Mannigfaltigen-durch-Verbindung. Daher sind sogar die von einem Gegenstand der Sinneswahrnehmung veranlaßten reinen Geschmacksurteile nach dem Schema *Dies ist schön* spontane Verbindungen der Bezugnahme auf den jeweils sinnlich präsenten

---

sprünglich, der Urteilsakt hingegen ›abkünftig‹, also nur *durch* ihn so möglich ist, wie er wirklich ist.

[195] Vgl. hierzu vom Verf., Spontaneität oder Zirkularität des Selbstbewußtseins? Kant und die kognitiven Voraussetzungen der praktischen Subjektivität, in: Vernunft und Urteilskraft. Kant und die kognitiven Voraussetzungen vernünftiger Praxis, Freiburg 2018, S. 277–309. – Daß es auch im Zusammenhang mit dieser Urteilsbildung und ihrer praktischen Befolgung immer wieder einmal zu verschiedenartigen Fehlleistungen kommen kann, versteht sich aus menschlich-allzu-menschlichen Gründen von selbst.

individuellen Gegenstand und das jeweils aktuelle reine Gefühl des Schönen.[196]

Der ununterbrochene Leitfaden des Urteilens, der Kants drei Kritiken und die Rechtslehre der *Metaphysik der Sitten* durchzieht, macht darauf aufmerksam, wie man die Antwort auf seine berühmte Frage »Was ist der Mensch?«[197] finden kann. Sie liegt am Schnittpunkt zwischen dem für den Menschen regelmäßig *abgewendeten* Geschick seiner heillosen Zerstreuung ins ›Gewühle der Erscheinungen‹ und der regelmäßigen *Abwendung* dieses Geschicks durch seine seit unvordenklichen Zeiten geübte Praxis, dieser Zerstreuung durch immer komplexer werdende Urteilsbildungen zuvorzukommen. Durch diese Urteilsbildungen in unüberschaubar vielen verschiedenen logischen Formen der Einheit gewinnt er entsprechend komplexer werdende Formen der persönlichen Identität.

Doch es bleibt essentiell wichtig, die Form seiner persönlichen Identität nicht mit seiner Eigenschaft, ein Mensch zu sein, zu verwechseln. Diese Eigenschaft hängt auf der Linie des Leitfadens seiner Urteilsbildungen ausschließlich von seiner Begabung mit der seelischen *Fähigkeit*, dem seelischen *Vermögen* ab, sich *spontan* an einer Einheit zu orientieren, deren Orientierung durch jedes beliebig einfache und jedes beliebig komplexe Urteil spontan in Erfüllung geht. Der Mensch ist unter dieser Voraussetzung das Lebewesen, das durch diese seelische Spontaneität für die wahrheitsfähige Urteilsbildung begünstigt ist.

---

196 Nur in diesem Punkt gehe ich auf Gegenkurs zu den sonst so überzeugenden Interpretationen und Analysen von Wolfgang Wieland, Gefühl und Urteil. Kants Theorie der Urteilskraft, Göttingen 2001. Wieland sieht das reine Geschmacksurteil nur deswegen nicht mehr als Beispiel einer »aktiven Tätigkeit der Subjektivität«, S. 299, weil er »die gängige Rede vom aktiven Fällen eines Urteils […] am Paradigma des Erkenntnisurteils orientiert«, S. 300, sieht. Doch ungeachtet des zu Recht betonten Handlungscharakters des Urteils ist nicht das ›Fällen‹ sein primärer Charakter, sondern das spontane Verbinden von Elementen eines Mannigfaltigen zugunsten einer Einheit – im Fall des reinen Geschmacksurteils also das kategorische Verbinden der Referenz auf den jeweils sinnlich präsenten individuellen Gegenstand und des ebenso reinen Gefühls des Schönen zugunsten des Urteils *Dies ist schön*. Andernfalls könnte gar nicht sinnvoll davon die Rede sein, daß das Gefühl des Schönen die Rolle des Prädikats in dieser kategorischen Verbindung spielt. Das ›Fällen‹ eines solchen Urteils im assertorischen Modus bildet nur die Beglaubigung, mit der das urteilende Subjekt sich der Authentizität seiner wahrnehmenden Objekt-Referenz und der seines Gefühls sowie seiner Spontaneität von deren Verbindung vergewissert.

197 Logik, Ak. IX, S. 25.

3.2.3. Anthropologie und Logik

Indem Kant davon spricht, daß man nach dem ›*Grund* der Einheit verschiedener Begriffe in Urteilen‹ »noch höher suchen«[198] müsse als in den Urteilen selbst, schlägt er in einem und demselben Satz eine subtile Brücke. Sie reicht von diesem im ›höchsten Punkt‹ verorteten Grund, dem ›seelischen‹ Akt der spontanen Orientierung an einer zunächst noch unbestimmten Einheit bis zu der Formalen Logik des diese Spontaneität *erbenden* »logischen Verstandesgebrauche überhaupt«.[199] Diesen Gebrauch übt jedes urteilende Subjekt durch den Gebrauch der ›Funktionen der Einheit in den Urteilen‹ aus. Die einfachste unter diesen logischen Funktionen apostrophiert Kant unter ihrem traditionellen Namen als *kategorische* Urteilsfunktion.[200] Ihre Einfachheit besteht darin, daß es sich bei dem ›Mannigfaltigen gegebener Vorstellungen‹, das mit ihrer Hilfe zur Einheit eines Urteils verbunden werden kann, um das ›Zweifaltige‹ handelt, das nur in den Rollen von Subjekt und Prädikat eines kategorischen Urteils verbunden werden kann.

Die anthropologische Tragweite dieses Ansatzes liegt angesichts von Kants Bemerkungen zur Identität der Person (s. o. S. 69 f.) fast auf der Hand: Ein Mensch, der nicht oder noch nicht mit Erfolg von der kategorischen Urteilsfunktion zugunsten der Verbindung von zwei Vorstellungen in einem einfachen Subjekt-Prädikat-Urteil Gebrauch machen kann, hat keine bzw. noch keine Chance, die Identität seiner Person zu gewinnen, zu bewähren und zu bewahren. Denn er kann noch nicht einmal auf der einfachsten Komplexitäts-Stufe ›gegebene Vorstellungen *in einem Bewußtsein* verbinden und sich die *Identität seines Bewußtsein in diesen Vorstellungen* selbst vorstellen‹. Er kann also noch nicht einmal z. B. die Vorstellung, die er von irgendeinem *Dies* in seiner unmittelbaren Umgebung hat, mit der Vorstellung, die er von einem Stein in dieser Umgebung hat, kategorisch zu dem Urteil *Dies ist ein Stein* verbinden und sich der Identität seines Bewußtseins in der von ihm selbst vollzogenen Verbindung dieser Vorstellungen in der Einheit dieses Urteils bewußt sein.

---

[198] B 131.
[199] A 67, B 92.
[200] Vgl. A 70, B 95, die 3. Gruppe der so später von ihm genannten »Logischen Tafel der Urteile«, Prolegomena, Ak. IV, S. 302–303.

Die insgesamt zwölf logischen Einheitsfunktionen in Kants Urteilstafel machen unmittelbar deutlich, wie komplex die Urteilsfunktionen sind, von denen jeder Mensch mindestens und jedenfalls in allmählich zunehmendem Maß Gebrauch zu machen wissen muß, der der Identität seiner Person inne sein kann: I.1. Er muß einzelne Vorstellungen *kategorisch* in den Rollen von Subjekt und Prädikat zu Urteilen verbinden können; 2. er muß solche kategorischen Urteile in der *wenn - - -, dann …*-Form zu *hypothetischen* Urteilen und 3. in der *entweder - - -, oder …*-Form zu *disjunktiven* Urteilen verbinden können; II.4. er muß solche Urteile in *assertorischer* Modalität behaupten, also mit Anspruch auf Wahrheit verbinden können, 5. in *problematischer* Modalität ihre Brauchbarkeit für Wahrheit *und* Falschheit zu bedenken geben, und 6. in *apodiktischer* Modalität die Notwendigkeit ihrer Wahrheit in Anspruch nehmen; III.7. er muß solche Urteile in *universeller* Form (*alle … sind F*), 8. in *partikulärer/plurativer* Form (*einige/viele … sind F*) und 9. in *individualisierender* Form (*Dies/jenes ist F*) gebrauchen können; und er muß sie schließlich IV.10. mit *positivem* Vorzeichen, 11. mit *negativem* Vorzeichen und mit negativem Prädikat (*… sind/ist nicht-F*) gebrauchen können. Dabei muß jedes einzelne vollständige Urteil von jeweils mindestens Einem Moment aus jeder der I.–IV. Gruppen geprägt sein.

Diese mikro-analytisch gewonnenen Bedingungen personaler Identität sind in ihrer formalen Einfachheit und Subtilität gewiß nicht zu überbieten. Doch wer die anthropologische Tragweite des elementarsten, formal-logischen Teils von Kants Urteilstheorie verkennt, verfängt sich nur allzu leicht in irrigen Beurteilungen. Vor allem Vergleiche von Kants Konzeption dieser logischen Funktionen und der modernen, von Gottlob Frege auf den Weg gebrachten Konzeption solcher Funktionen verkennen nur allzu leicht die funktionale Inkommensurabilität zwischen ihnen. Denn diese moderne Formal-Logik dient ausschließlich dem Zweck, formal korrekte Schlußfolgerungen zu entwerfen und die formale Korrektheit von in Anspruch genommenen Schlußfolgerungen zu prüfen. Auch an sich wohlbalancierte Alternativen helfen hier nicht weiter, diesen konzeptionellen Unterschieden gerecht zu werden: »Will man ein System der logischen Grundbausteine gewinnen, so ist Kants zwölfteilige Urteilstafel, wie man sofort sieht, viel zu umfangreich […]. Will man aber eine Übersicht über alle logisch-möglichen Urteilformen haben, so sind die zwölf Urteilsarten Kants ebenso ersichtlich auf eine fast

rührende Weise zu wenig«.[201] Indessen hat die erste und daher bedeutsamste sachkundige Auseinandersetzung mit Kants Konzeption
der Urteilsfunktionen zu Recht daran erinnert, daß Kants »Tabelle
der Grundfunktionen des Denkens [...] materiell nicht mehr [ent-
hält] als was Aristoteles und seine unmittelbaren Schüler als logische
Hauptmomente in der Urteils- und Schlußlehre angesehen haben«.[202]
Um so gewichtiger ist die Einsicht, daß »eine spezielle Theorie« wie
die aristotelische Schlußlehre durchaus »allgemeine *Bedeutung*«, sogar »große Bedeutung haben kann«, weil sie »die logische[n] Zusammenhänge zwischen Sätzen der Form A x B zu überblicken
lehrt«.[203] Das interne methodische Format dieser Schlußlehre ist sogar so gelungen, daß man zwar »schwerlich [wird] behaupten können, daß Aristoteles seine Syllogistik bereits in axiomatisierter Form
dargestellt hat. Aber mit seiner Reduktionsmethode ist er auf dem
Weg dazu; es läßt sich jedenfalls unschwer aufgrund des aristotelischen Textes ein axiomatisches System konstruieren«[204] – und
dies alles ausschließlich mit Hilfe der von Kant berücksichtigten
›Grundfunktionen des Denkens‹, die ›auf eine fast rührende Weise
zu wenig‹ (Patzig) zu sein scheinen, wenn man für ihre Anzahl einen
unangemessenen Maßstab verwendet. Auch unabhängig von Kants
spezifischen systematischen Intentionen lassen sich die von ihm berücksichtigten Urteilsfunktionen nur allzu offensichtlich auch im
Rahmen eines deduktionslogischen Systems nahezu perfekt fruchtbar machen. Dennoch ist Kants spezifisch anthropologische Auffassung, daß die Möglichkeit der personalen Identität eines Menschen
vom Gebrauch dieser Urteilsfunktionen abhängt, klarerweise unver-
träglich mit der Auffassung, es habe »sich gezeigt, daß eine Auffassung der Logik *vollkommen* genügt, die dieser als Aufgabe die Erforschung der ›formal wahren Aussagen‹ zuschreibt«.[205] Vollkommen ist
im Licht von Kants Ansatz vielmehr eine Auffassung der Logik erst,

---

[201] Günther Patzig, Gottlob Frege und die logische Analyse der Sprache, in: ders.,
Sprache und Logik, Göttingen 1970, S. 77–100, hier: S. 84.
[202] Klaus Reich, Die Vollständigkeit der kantischen Urteilstafel ([1]1932), Berlin 1948,
S. 5. Dem hat sich in jüngster Zeit, wenngleich mit scharfer methodologischer Kritik
an Reichs Untersuchung, vor allem Michael Wolff, Die Vollständigkeit der kantischen
Urteilstafel. Mit einem Essay über Freges Begriffsschrift, Frankfurt/Main 1995, an-
geschlossen.
[203] Patzig, Syllogistik, S. 198, Patzigs Hervorhebung.
[204] Wieland, Deutung, hier: S. 25.
[205] Günther Patzig, Sprache und Logik, in: ders., Logik, S. 5–38, hier: S. 7–8, Hervorhebung R. E.

wenn sie dieser außerdem auch die von Kant berücksichtige anthropologische Tragweite abgewinnt. Im übrigen liegt es fast auf der Hand, daß sich der Gebrauch der sechzehn zweistelligen Verknüpfungsfunktionen der modernen Junktoren-Logik analog zu Kants ›Funktionen der Einheit in den Urteilen‹ ebenso als Beitrag zur personalen Identität ihrer Benutzer konzipieren läßt: Wer zwei im zeitlichen Abstand und ohne inhaltliche Gemeinsamkeiten gewonnene wahre Sätze wie z. B. *Reichards Garten liegt in Halle* und z. B. *Heidelberg liegt am Neckar* nicht zugunsten des wahren konjunktiven Satzes *Reichards Garten liegt in Halle* **und** *Heidelberg liegt am Neckar* verbinden und behaupten kann, leidet offenkundig an einer elementar defizitären Fähigkeit, seine personale Identität zu bewähren.

Doch Kant faßt ein Urteil primär als »eine Handlung« auf, »durch die gegebene Vorstellungen zuerst Erkenntnisse eines Objekts werden«.[206] Außerdem ist es für den Akt des Urteilens – wie für jede Handlung – charakteristisch, daß »in jedem Urteil subjektiv eine Zeitfolge [ist]«.[207] Damit radikalisiert Kants Theorie die traditionell – vom 13. Jahrhundert bis in die Gegenwart – am Handeln einer Person orientierte Auffassung von den Bedingungen der personalen Identität.[208] Er tritt noch einen reflexiven und abstraktiven Schritt hinter die leibhaftigen Handlungen in Raum und Zeit zurück, die auf der Linie dieser Tradition das charakteristische Medium der personalen Identität bilden. Denn im Licht seiner Theorie ist eine für die Identität einer Person charakteristische notwendige Handlungs-Bedingung bereits dadurch erfüllt, daß ihr auch ein so simpler kategorischer Urteilsakt wie z. B. *Ich gehe (jetzt)* gelingt: Die Verflechtung der logischen, kategorischen und der temporalen, sukzessiven Form einer solchen nahezu sublimen Handlungsform macht es nicht nur nötig, daß sich das urteilende Individuum *nach* dem Gebrauch der Subjekt-Rolle *Ich ...* sowie *vor* dem Gebrauch und *während* des Gebrauchs der prädikativen Rolle *... gehe (jetzt)* an seinen Gebrauch der Subjekt-Rolle *erinnert*; diese Verflechtung macht es ebenso nötig, daß das ur-

---

[206] Metaphysische Anfangsgründe der Naturwissenschaften, Ak. IV, S. 475*.

[207] Vorarbeiten und Nachträge, Ak. XX, S. 369.

[208] Zur mittelalterlichen Tradition vgl. neuerdings Dominik Perler, Eine Person sein. Philosophische Debatten im Spätmittelalter, Frankfurt/Main 2020, bes. Kap. V: Die handlungstheoretische Dimension; das entsprechend traditionsstiftende neuzeitliche handlungstheoretische Paradigma erarbeitet Locke, Essay, Book II, ch. XXVII, bes. S. 280 ff.; die gewichtigste Ausarbeitung dieses Musters in der Gegenwart geht auf Derek Parfit, Reasons and Persons (¹1984), Oxford 1987, bes. Part Three, zurück.

teilende Individuum *während* des Gebrauchs dieser Subjekt-Rolle auch den Gebrauch dieser prädikativen Rolle ›im Auge behält‹ – *prae-meditiert*, wie Augustinus in den handlungstheoretischen Meditationen des 11. Buchs seiner *Confessiones* so treffend formuliert;[209] vor allem aber macht diese Verflechtung es nötig, daß sich das urteilende Individuum seines *ganzen* kategorischen Urteilsakts *als seines* Akts bewußt ist, *während* es ihn ausübt. Diese strukturelle Verflechtung zeigt sich in paradigmatischer Form in dem kategorischen Urteil *Ich denke*, mit dem die logische und transzendentale Reflexion und Analyse den spontanen seelischen Akt durch die kategorische Verknüpfung des Subjekts *Ich … * mit dem Prädikat *… denke* zur Sprache bringt. Denn im »*Denken* […][dient] das Ich immer zum Subjekt des Bewußtseins«[210] – und, wie zu ergänzen ist, das Denken selbst immer zum Prädikat dieses selben Bewußtseins. Daher »[bin ich mir] in der ganzen Zeit, darin ich mir meiner bewußt bin, […] dieser Zeit, als zur Einheit meines Selbst gehörig, bewußt. […] Die Identität der Person ist also in meinem eigenen Bewußtsein unausbleiblich anzutreffen«.[211]

Unter dem Handlungs- und dem Zeitaspekt seiner Urteilstheorie gelingt Kant eine zwar unmittelbar plausible, aber wegen ihrer extremen Subtilität in der Regel verfehlte Einsicht in die am tiefsten verborgene Bedingung personaler Identität. Unmittelbar plausibel ist sie nicht zuletzt deswegen, weil ein Handlungs-Subjekt gar nicht in der Lage wäre, sich seiner jeweiligen Handlung *als seiner Handlung* bewußt zu sein, wenn es sich *während* seiner jeweiligen Handlung nicht nach dem Schema des Urteilsakts *Ich handle jetzt so und so* auch *gleichzeitig* eben dieses spontanen Urteilsakts und seiner logisch-grammatischen *und* zeitlichen Form bewußt wäre. Daher wird eine immer komplexer werdende personale Identität eines individuellen Menschen nicht nur auf fortschreitenden logischen und temporalen Komplexitäts-Niveaus der spontanen Gestaltung von Urteilsakten ausgebildet. Der Handlungscharakter des Urteilens bildet weit darüber hinaus auch das Paradigma sämtlicher Formen seines alltäg-

---

[209] Vgl. Augustinus, Confessiones. Lateinisch-Deutsch (Hg. K. Flasch/B. Mojsisch), Stuttgart 2009, Buch XI, 18, 23 f.; vgl. vom Verf., Zeit, Bewegung, Handlung und Bewußtsein im XI. Buch der »Confessiones« des hl. Augustinus, in: Zeit, Bewegung, Handlung. Studien zur Zeitabhandlung des Aristoteles (Hg. E. Rudolph), Stuttgart 1988, S. 193–221.
[210] B 412*.
[211] A 362.

lichen *leibhaftigen* Handelns. Diese alltägliche leibhaftige Praxis ist *als Praxis* an das spontane Handlungsbewußtsein seines jeweiligen Akteurs gebunden und gewinnt im Horizont und im Licht seiner komplexer werdenden spontanen Urteils- und Selbstbewußtseinsbildung genauso eine immer komplexer werdende, bis an sein Lebensende reichende Kohärenz wie seine Urteilspraxis. Denn auch mit Blick auf jede seiner alltäglichen leibhaftigen Handlungen gilt, daß ›ich mir in der ganzen Zeit, darin ich mir meiner bewußt bin, dieser Zeit, als zur Einheit meines Selbst gehörig, bewußt bin‹ – er ist sich also *jeder* dieser Handlungen *als seiner* Handlungen nur im mehr oder weniger schwachen bzw. starken Licht eines begleitenden praktischen Urteils nach dem Schema *Ich handle jetzt soundso* bewußt. Die Spontaneität seiner Urteilsbildung bildet daher normalerweise das ›beseelende‹ Moment nicht nur seines kognitiven, sondern auch seines ganzen praktischen Lebens. Doch die »praktischen Urteile« gehören nach Kants Kriterien genauso zu den »Erkenntnisurteilen« – also zu den wahrheits*fähigen* Urteilen – wie die »theoretischen Urteile«.[212] Sogar ein reines Geschmacksurteil der Form *Dies ist schön* ist – trotz seiner rein emotionalen Basis – im Sinne der »subjektiven Allgemeingültigkeit«[213] wahrheitsfähig, also wahr dann und nur dann, wenn *alle* Menschen angesichts *desselben* Wahrnehmungsobjekts aus dem paradigmatischen Reich der Blumen *dasselbe* reine Gefühl des Schönen teilen.[214]

Der Leitfaden des Urteilens, den Kant in der ›critischen‹ Epoche seines Denkens konsequent fruchtbar macht, erlaubt daher auch die Antwortet auf seine berühmte Frage »Was ist der Mensch?«[215]: Er ist das Lebewesen, das durch beseelende Spontaneität denkenden Urteilens für die wahrheitsfähige Urteilsbildung begünstigt ist.

---

[212] Kritik der Urteilskraft, Ak. V, S. 209.
[213] S. 215.
[214] Vgl. Wieland, Urteil und Gefühl, bes. S. 240–292.
[215] Logik, Ak. IX, S. 25.

3.3. Der tiefste Punkt der Erfahrung und sein Beitrag zur Fruchtbarkeit der Erfahrung

Welche Tragweite für Kants Theorie der Erfahrung die Überlegungen mit sich bringen, die er im unmittelbaren Umkreis der Thematisierung des ›höchsten Punkts‹ formuliert, läßt sich nun im Anschluß an diese Exkurse in die Herzkammer seiner Theorie viel besser mit Hilfe seines schon zitierten Gedankens ermessen, daß das ›Ich denke die Form ist, die *jeder* Erfahrung als bloß subjektive Bedingung derselben anhängt‹ (s. o. S. 56).[216] Dieser noch zwei Jahre vor der Publikation der *Prolegomena* formulierte Gedanke gewinnt erst durch die Entdeckung der von Kant analysierten Erfahrungsurteile Gewicht und Tragweite. Denn da es solche Erfahrungsurteile sind, die ›einzelne Erfahrungen‹ im Gegensatz zum ›absoluten Ganzen aller möglichen Erfahrung‹ repräsentieren, sind sie – und nur sie – es, denen das ›Ich denke als die Form und als bloß subjektive Bedingung derselben anhängt‹. Doch was heißt hier ›anhängt‹? Kants drei Paradigmen solcher Erfahrungsurteile *Die Sonne erwärmt den Stein, Die Sonne weicht das Wachs* und *Die Sonne härtet den Ton* bzw. deren syntaktische *weil ---, darum muß ...*-Klartexte kommen nur allzu offensichtlich ohne die *ausdrückliche* Ich-denke-Form bzw. ohne dieses *ausdrückliche* subjektive Bedingungs-Anhängsel aus – also ohne den ausdrücklich zur Sprache gebrachten seelischen Akt der Spontaneität. Doch dieser Umstand bildet lediglich den offenbaren Ausdruck des *stillschweigenden* spontanen seelischen Akts, durch den das *Ich denke* an allen möglichen Urteilen beteiligt ist.

Die, wie Kant selbst gesehen hat (s. o. S. 27–29), an Paradoxien so reiche Erste Kritik mutet dem an seiner Theorie der Erfahrung Interessierten auf dieser Linie gleichzeitig mehrere Paradoxien zu: 1. Der stillschweigenden, ›seelischen‹ Spontaneität ihres *urteilenden* Denkens verdanken die Menschen ihre immer wieder fortgesetzte, tagtägliche wahrheits*fähige*, wenngleich nicht wahrheits*garantierende* Urteilspraxis; ohne sie würden sie im traumatischen Affektsturm ihrer Reize, Empfindungen und Gefühle – im ›Gewühl der Erschei-

---

[216] Aus der originalen Version »der formale Satz Ich denke [...]«, KrV, A 354, lasse ich die Bestimmung *der formale Satz* weg, weil Kant damit, was ihm gelegentlich passiert, die Reflexionsstufe der thematisierten Sache – hier: *die Form, die jeder Erfahrung als subjektive Bedingung derselben anhängt* – zugunsten der sie thematisierenden Formulierung – hier: *der formale Satz* – überspringt.

nungen‹ – versinken und niemals eine menschliche und personale Identität sowie urteilsförmige Wahrheitsorientierung gewinnen; 2. ihren Zugang zum ›absoluten Ganzen aller möglichen Erfahrung‹ verdanken sie ihrem von alters her getätigten und in ›langer Erfahrenheit‹ bewährten und tradierten spontanen *empirischen* Gebrauch *nicht*-empirischer Kategorien wie der Kausal-Kategorie in Erfahrungsurteilen über kausale Einzelfälle so simpler Form wie *Die Sonne erwärmt den Stein* bzw. *Weil die Sonne den Stein bescheint, darum muß er warm/wärmer werden*; 3. durch die Identifizierung der syntaktischen *weil - - -, darum muß ...*-Form von kausal-kategorialen Beurteilungen solcher Einzelfälle (s. o. S. 46–47) wird der Blick nicht nur für diesen alltäglichen empirischen Kategorien-Gebrauch geöffnet, sondern von hier aus auch für den Ausblick auf beliebig komplexe Beurteilungen derselben kategorialen Form jenseits der Möglichkeiten der ›gemeinen Erfahrung‹ zugunsten der beliebig komplexen spezifisch wissenschaftlichen, vor allem experimentell herbeigeführten Erfahrungen von Fällen von Kausalität.

Der Gewinn, der auf dem »dornichten Wege […] in der Kritik«[217] mit diesen paradoxen Kontrasten verbunden ist, verhält sich geradezu umgekehrt proportional zu der Unscheinbarkeit, mit der sie im Umkreis des Mikro-Urteils *Ich denke* vorbereitet werden. Denn diesen Gewinn hat Kant die in der ersten Auflage der Ersten Kritik noch verdunkelte Einsicht beschert, daß es die nur allzu alltäglichen Erfahrungsurteile – und nur sie – sind, die das Medium bilden, in dem die *nicht*-empirischen Kategorien wie z. B. die Kausal-Kategorie »von bloß *empirischem* […] Gebrauche«[218] sind und aus dem im geschichtlichen Maßstab auch die immer komplexer gewordenen spezifisch wissenschaftlichen Erfahrungsurteile hervorgegangen sind. Das Empirische dieser Gebrauchsform in paradoxer unmittelbarer Verbindung mit dem nicht-empirischen Charakter der so gebrauchten Kategorien hat nicht wenige prominente Kant-Leser außerordentlich irritiert.[219] Doch Kants paradoxe Einsicht der *Prolegomena* schließt

---

[217] Prolegomena, Ak. IV, S. 367.

[218] A 139, B 178, Hervorhebung R. E.

[219] V. a. Eric Watkins, Kant and the Metaphysics of Causality, Cambridge 2005, bes. S. 205 f., passieren fast regelmäßig solche Fehldeutungen. Um so vorteilhafter fallen gelungene Ausnahmen auf wie die des gelernten Physikers und gelernten Philosophen Hernán Pringe, Critique of the Quantum Power of Judgement. A Transcendental Foundation of Quantum Objectivity, in: Kant-Studien. Ergänzungshefte 154, Berlin/ New York 2007.

die ganz und gar nicht-paradoxe Einsicht ein, daß wir *nur bei der empirischen Gelegenheit* von geeigneten Sinneswahrnehmungen wie denen der Sonne, eines Steins und seiner Erwärmung einen *fruchtbaren* Gebrauch von nicht-empirischen Kategorien machen können – also einen Gebrauch, der *immer wieder von neuem zu neuen* Erfahrungsurteilen führt und damit auch immer wieder von neuem zu neuen Beurteilungen von Einzelfällen von Kausalität, und seien sie noch so alltäglich wie *Die Sonne weicht das Wachs* und *Die Sonne härtet den Ton.* Erst 1953 hat der britische Philosoph Stephen Toulmin überaus treffend den »diagnostischen Charakter« solcher empirischen Einzelfallbeurteilungen von Kausalität betont[220] – allerdings ohne sich des von Kant entdeckten empirischen Gebrauchs der *nicht-empirischen* Kausal-Kategorie in solchen Diagnosen bewußt zu sein.

Die zwar nicht paradoxe, aber eminent wichtige Einsicht, die Kant mit der Einsicht in die logische Struktur und die methodische Funktion der Erfahrungsurteile gelungen ist, ist daher die Einsicht in die *Bedingungen der Fruchtbarkeit* der Erfahrung. Kein anderer thematischer Zusammenhang in Kants Theorie ist besser für das Bekenntnis seiner methodologischen Ortsbestimmung geeignet: »Mein Platz ist das fruchtbare *Bathos* der Erfahrung«[221] – also der fruchtbare *Boden* der Erfahrung. Denn diesen Boden bilden die dem Bewußtsein jedes individuellen Menschen unablässig widerfahrenden Sinneswahrnehmungen aller ihm von Natur aus gegebenen Sinnesfunktionen. Ohne sie kann niemand zu Erfahrungserkenntnissen gelangen. Doch erst »die Möglichkeit, durch *Kategorien* die Gegenstände, die nur immer *unseren Sinnen vorkommen mögen,* […] zu erkennen,«[222] bildet zusammen mit dieser notwendigen Bedingung die dafür hinreichende Bedingung. Behauptet hat Kant diese empirische Gebrauchsform der nicht-empirischen Kategorien zumindest indirekt zwar auch schon in der ersten Auflage.[223] Doch letzten Endes erst

---

[220] Stephen Toulmin, Einführung in die Philosophie der Wissenschaft (engl. ¹1953), Göttingen o. J., bes. S. 124 f., 168 f.
[221] Prolegomena, Ak. IV, S. 373*, Kants Hervorhebung.
[222] KrV, B 159.
[223] Vgl. A 139, B 178; im thematischen Mittelpunkt der ersten Auflage beschränkt sich Kant direkt und ausführlich nur auf die abstrakte Andeutung, daß die Kategorien »*bloß die Form einer Erfahrung überhaupt* angehen«, A 125, Kants Hervorhebungen; doch *wie* diese Form mit Hilfe von Kategorien *in concreto* gewonnen wird, ist ihm erst durch die Entdeckung der kategorialen Form der Erfahrungsurteile, besonders ihrer kausal-kategorialen Form klar geworden.

durch die paradigmatische Einsicht in die kategoriale *weil - - -, darum muß …*-Form der kausalthematischen Erfahrungsurteile (s. o. S. 46–47) zeigt sich *in concreto, wie* – also in welcher *Form* – die Menschen durch solche empirischen Erfahrungsurteile immer wieder von neuem neue *wirkliche* ›einzelnen Erfahrungen‹ und damit *wirkliche Anteile* am ›absoluten Ganzen *aller möglichen* Erfahrung‹ nicht nur erwerben *können*, sondern auch *immer wieder von neuem schon längst erworben haben.*

Eine dieser Tragweiten ist mit dem unscheinbaren Umstand verbunden, daß hier von ›*jeder* Erfahrung‹, also von jeder ›*einzelnen* Erfahrung‹ die Rede ist, durch die ein individueller Mensch einen konkreten »Teil von der ganzen Sphäre« des »absolute[n] Ganzen aller möglichen Erfahrung«[224] erwerben kann. Doch zwei Zitate geben durch ihre Inhalte auch ohne weiteres schon hinreichend deutliche Winke in Richtung des dabei ausschlaggebenden Aspekts: »Ich, als denkend Wesen, bin das absolute Subjekt aller meiner möglichen Urteile«,[225] und »Wir können nur durch Urteile denken«.[226] Daher wird auch jede ›einzelne Erfahrung‹, durch die ein individueller Mensch einen konkreten ›Teil von der ganzen Sphäre‹ des ›absoluten Ganzen aller möglichen Erfahrung‹ erwirbt, nur durch ein einzelnes Urteil eines bestimmten Typs erworben. Doch bei den Urteilen, die diese ›einzelnen Erfahrungen‹ repräsentieren, handelt es sich um den Typus von Urteilen, deren logische Struktur Kant erst auf dem Weg zu den *Prolegomena* durchschaut hat und als Erfahrungsurteile apostrophiert.[227] Es gehört indessen zu den Paradoxien von Kants langer reflexiver und analytischer Durststrecke bis zu dieser Einsicht, daß sich diese Urteile in der einfachsten und daher auch unscheinbarsten Alltäglichkeit zeigen. Denn ihre paradigmatischen Beispiele bilden alleralltäglichste Erfahrungsurteile wie *Die Sonne erwärmt den Stein,*[228] *Die Sonne härtet den Ton* und *Die Sonne weicht das Wachs.*[229]

Behauptet hat Kant diese empirische Gebrauchsform der nichtempirischen Kategorien zumindest indirekt zwar auch schon in der ersten Auflage (s. o. S. 85). Doch erst durch die Einsicht in die katego-

---

[224] Prolegomena, Ak. IV, S. 328.

[225] KrV, A 348.

[226] Reflexionen zur Metaphysik, Ak. XVIII, R 5650, Hervorhebung R. E.

[227] Vgl. Prolegomena, Ak. IV, S. 298–305.

[228] Vgl. S. 301*.

[229] Vgl. KrV, A 765, B 793; A 766, B 794.

riale Form der Erfahrungsurteile zeigt sich nicht mehr nur ganz allgemein, daß »die Kategorien Bedingungen der *Möglichkeit* der Erfahrung«[230] sind. Insbesondere zeigt sich erst jetzt, daß »die Kategorien […] zur Möglichkeit *empirischer Erkenntnis* [dienen]«[231] – also zu der Möglichkeit, durch empirische, also wahrnehmungsbasierte Erfahrungsurteile immer wieder von neuem neue *wirkliche* ›einzelne Erfahrungen‹ und damit *wirkliche Anteile* am ›absoluten Ganzen *aller möglichen* Erfahrung‹ zu erwerben. In Kants Paradigma für ein solches Urteil *Die Sonne erwärmt den Stein* wird »vermöge des Begriffs der Ursache«[232] – und nur vermöge seiner – die empirische Erkenntnis eines konkreten individuellen Falles von Kausalität gewonnen.

Diese Paradigmen sind es daher auch, mit Blick auf die Kant eigentlich erst auf dem reflexiven und analytischen Niveau der *Prolegomena* sagen kann, daß ›der formale Satz *Ich denke* die Form ist, die jeder Erfahrung anhängt als bloß subjektive Bedingung derselben‹. Denn ein solches Erfahrungsurteil ist auch erst dann vollständig repräsentiert, wenn der normalerweise stillschweigende seelische Anteil zur Sprache gebracht wird, mit dem das ›denkende Wesen‹ in der logischen Rolle und im logischen Status des ›absoluten Subjekts aller meiner möglichen Urteile‹ auch an einem solchen Urteil beteiligt ist. Denn jede einzelne Erfahrung, die irgendein individueller Mensch in Form eines solchen Erfahrungsurteils erwirbt, ist auch im Sinne unseres alltäglichen Sprachgebrauchs durch eine alles andere durchdringende seelische Form der »Spontaneität«[233] bzw. der »Selbsttätigkeit«[234] ihres Erwerbs geprägt. Ohne sie wäre sie weder eine *Erfahrung* noch *irgend jemandes* Erfahrung, sondern ein subjektloses Ereignis.

Die Spontaneität bzw. Selbsttätigkeit der Erfahrungsurteile, die in Kants Theorie durch so einfache Paradigmen wie *Die Sonne erwärmt den Stein* solche einzelnen Erfahrungen repräsentieren, wird durch die stillschweigende Beteiligung des elementarsten kognitiven Akts, des ›selbsttätigen‹ oder ›spontanen‹ seelischen Akts des Denkens gestiftet. Diese seelische Tiefenstruktur eines solchen Urteils

---

[230] B 161.
[231] B 147, Hervorhebung R. E.
[232] Prolegomena, Ak. IV, 305*.
[233] Prolegomena, Ak. IV, S. 328.
[234] KrV, B 130.

decken erst Kants Analysen in der angemessenen Form auf. Denn sie haben jenseits der stillschweigenden Beteiligung dieses Akts, streng genommen, die vollständige Form **Ich denke, daß** *p*, also im konkreten Fall z. B. **Ich denke, daß** *die Sonne den Stein erwärmt.* Kants wahlweiser Wechsel zwischen der Rede von Spontaneität und Selbsttätigkeit verweist indessen ein weiteres Mal auf eine leicht zu verkennende allgemeine Arbeitserfahrung, die er auf seinem ›critischen Weg‹ gemacht hat: »Unsere gemeine Sprache enthält schon alles das, was die Transzendentalphilosophie mit Mühe herauszieht«.[235] In diesem konkreten Fall macht sich Kant für die Einführung dieser beiden abstrakten Termini in seine Theorie die Bedeutungen zweier unmittelbar verwandter Elemente unserer ›gemeinen Sprache‹ zunutze – die Bedeutung von *selbst* und die von *von selbst*. Die Bedeutung von *von selbst*, die dem lateinischen *sua sponte* entspricht, wird durch den abstrakten theoretischen Terminus *Spontaneität* aufgefangen, die Bedeutung von *selbst* durch den abstrakten theoretischen Terminus *Selbsttätigkeit*, der auch mit dem griechischen Fremdwort *Authentizität* synonym ist, das seinerseits aus dem griechischen αὐτός hervorgegangen ist.[236] Den beiden deutschen Ausgangs-Vokabeln *selbst* und *von selbst* ist bedeutsamerweise gemeinsam, daß sie in grammatischer Hinsicht als natürliche Adverbien gebraucht werden, also zur Charakterisierung von Tätigkeiten, die jemand selbst oder von selbst ausübt. Zwischen ihren adverbialen Gebrauchsbedeutungen besteht sogar ein enger formaler Zusammenhang: Was jemand von selbst tut, tut er auch selbst, aber nicht umgekehrt. Denn jemand kann von jemand anders gezwungen werden, eine bestimmte Tätigkeit auszuüben bzw. eine bestimmte Handlungsweise zu vollziehen, so daß er sie zwar nicht *von* selbst ausübt bzw. vollzieht, also nicht spontan, aber immer noch *selbst*, also authentisch.

---

[235] Kleine Vorlesungen, Ak. XXIX, 1, S. 804.

[236] Von Authentizität spricht Kant, wenn er von »den Erfordernissen eines unverwerflichen Zeugen [...]: Authentizität«, Logik, IX, S. 72*, Kants Hervorhebung, spricht; wenig später gibt er zu verstehen, daß wir *nicht* – wie eben ein Zeuge – »alles *selbst* erfahren«, S. 78, Hervorhebung R. E. Dieser Zusammenhang ist problemgeschichtlich äußerst aufschlußreich. Denn in seinem erkenntnistheoretischen Dialog *Theaitet* nutzt Platon das Beispiel des Zeugen, um klarzustellen, daß ein Zeuge das, worüber er vor Gericht spricht – und im Gegensatz zum Richter – *selbst* (αὐτός/καθ' αὐτόν) erfahren hat, vgl. Tht. 201b 7–7c; zu Platons Konzeption des authentischen, selbst *erworbenen* Wissens vgl. vom Verf., Authentisches Wissen, in: ders., Authentisches Wissen. Prolegomena zur Erkenntnistheorie in praktischer Hinsicht, Göttingen 2005, S. 48–98, bes. S. 57–76.

Mit dem von Cohen beschworenen ›Rätsel der Erfahrung‹ wird daher eher eine Art eines offenbaren Geheimnisses zur Sprache gebracht: Jede Erfahrung, die diesen Namen verdient, kann im Licht von Kants Theorie von einem individuellen Menschen nur durch einen spontanen bzw. selbsttätigen Akt seines Denkens in Form eines solchen Erfahrungsurteils gewonnen werden. Kein Mensch kann urteilen, ohne von selbst bzw. selbst zu denken, noch Erfahrungen machen, ohne von selbst bzw. selbst zu denken, und daher auch keine Erfahrungsurteile bilden, ohne von selbst bzw. selbst zu denken: »Ich, als denkend Wesen, bin das absolute Subjekt aller meiner möglichen Urteile«,[237] so daß »In allen Urteilen [...] ich nur immer das bestimmende Subjekt desjenigen Verhältnisses [bin], welches das Urteil ausmacht«[238] – also auch in den zentral wichtigen Erfahrungsurteilen.

In den labyrinthischen historischen Verzweigungen und internen Verästelungen der Selbstbewußtseins-Theorien vor und nach Kant ist dessen Theorie daher bis heute die einzige, die das Selbst-Bewußtsein als das Bewußtsein jedes individuellen denkend-urteilenden Menschen zur Sprache bringt, die internen, logischen Verhältnisse seiner Urteile denkend *von selbst*, also spontan bzw. *selbst*, also selbsttätig oder authentisch zu bilden.[239] Dieser Kunstgriff Kants, auf den ›höchsten Punkt‹, die Spontaneitäts- bzw. Authentizitätswurzel im kognitiven Haushalt des Menschen Licht mit Hilfe einer unscheinbaren Bedeutungskomponente unseres alltäglichen Sprachgebrauchs zu werfen, beglaubigt ausgerechnet an diesem Punkt seine allgemeine Arbeitserfahrung, die er auf dem ›critischen Weg‹ mit den Potentialen gemacht hat, die ›unsere gemeine Sprache‹ jedenfalls auch für das transzendental-philosophische Nachdenken sogar an ihrem ›höchsten Punkt‹ bereithält.

Des noch tieferliegenden Problems nimmt sich Kant konsequenterweise im großen folgenden Teil seiner Theorie an: Es geht um die Frage, wie die Menschen sowohl mit ihren einfachen alltäglichen wie

---

[237] KrV, A 348.

[238] B 407.

[239] Der amerikanische Philosoph Roderick Chisholm, Die Erste Person. Theorie der Referenz und Intentionalität (amerik. [1]1984), Frankfurt/Main 1992, hat noch eine dritte Gebrauchsbedeutung von *selbst* theoretisch fruchtbar gemacht: In Wendungen nach dem Schema *Er-selbst* wird es als *emphatisches Reflexiv* gebraucht, vgl. S. 45 ff., weil sein Benutzer mit Emphase ausdrückt, daß er *auf sich und niemand anders* Bezug nimmt. Das *selbst* ist in diesem Sinne der Ausdruck der individuellen Unverwechselbarkeit.

mit ihren immer komplexer werdenden wissenschaftlichen Erfahrungsurteilen trotz ihrer radikalen subjektiven Authentizität, Spontaneität oder Selbsttätigkeit immer wieder von neuem aus guten
Gründen auch Ansprüche auf objektive Gültigkeit verbinden können
(s. u. Abschn. 3.4.).

Kants radikale Revision von Descartes' Substanz-Ontologie der
denkenden Seele zugunsten einer nichtontologischen Theorie der
seelischen Spontaneität der logisch geformten Urteilsbildung macht
nicht die einzige gründliche Revision einer mehr oder weniger fest
tradierten Auffassung aus. Auch eine andere Revision setzt – wie bei
der Transposition des umgangssprachlichen *selbst* in den Begriff der
Selbst-Tätigkeit bzw. der Spontaneität – bei einer unscheinbaren
Sprechweise an, die bis heute sowohl im Alltag wie in der Wissenschaft wie in philosophischen Theorien üblich und gar nicht ohne
weiteres in sachlicher Hinsicht anstößig oder problematisch ist. Doch
Kant hat schon in der ersten Auflage der Ersten Kritik gute Gründe,
diese Sprechweise zu korrigieren, um der Kohärenz seiner Theorie
der Erfahrung gerecht zu werden: »Wenn man von verschiedenen
Erfahrungen spricht, so sind es nur so viel Wahrnehmungen, sofern
solche zu einer und derselben allgemeinen Erfahrung gehören«.[240]
Die Knappheit dieser Bemerkung läßt die Plausibilität ihres sach-
lichen Gewichtes nicht leicht erkennen. Sie scheint zunächst nur auf
eine theorie-interne Sprachregelung Kants aufmerksam zu machen:
Im Rahmen seiner Theorie kann man angemessen nur im Plural von
Wahrnehmungen und im Singular nur von Erfahrung sprechen.[241]
Darüber hinaus gibt dieselbe Bemerkung immerhin auch noch eine
logische Subtilität zu verstehen: Die vielen Wahrnehmungen, die den
Menschen fast ununterbrochen zuteil werden, haben im *distributiven*
Sinne an der ›allgemeinen und Einen Erfahrung‹ teil, also so, daß
schon *jede einzelne* einem Menschen zuteil werdende Wahrnehmung
zu dieser ›allgemeinen und Einen Erfahrung‹ gehört, aber *nicht kol-
lektiv erst die Gesamtheit* der den Menschen möglichen Wahrnehmungen.

Die unübersehbare Vorläufigkeit dieser teils grammatischen und
teils elementarlogischen Bemerkung hat Kant so wenig ruhen lassen,
daß er sie auf seinem zweijährigen Weg zu den *Prolegomena* nicht

---

[240] KrV, A 110.
[241] Gleichwohl passiert es Kant selbst aus langer sprechpragmatischer Gewohnheit,
daß er in theoriefremder Form im Plural von *Erfahrungen* spricht, vgl. z. B. KrV, B 6.

nur zu einer außerordentlich gewichtigen Ergänzung seiner Theorie hat ausreifen lassen. Diese Theorie selbst hat durch diese Ergänzung einen nicht weniger bedeutsamen Reifesprung durchgemacht. Dieser Reifesprung gelingt ihm nicht zufällig, als er wichtige Elemente und Schritte der schon veröffentlichten Ersten Kritik mit Hilfe der *Prolegomena* in einer methodisch gründlich verbesserten Fassung darstellt, um diese Elemente und Zusammenhänge auch »zum Gebrauch [...] für künftige Lehrer« – wenngleich »nicht [...] für Lehrlinge«[242] – besser faßlich zu gestalten. Die ›allgemeine und Eine Erfahrung‹ visiert er auf dieser Linie in formal verschärfter Weise als »das absolute Ganze aller möglichen Erfahrung«[243] an. Er stellt allerdings unmißverständlich klar, daß dieses Ganze »aber selbst keine Erfahrung«[244] ist. Daher sucht er gleichzeitig zu klären, ob die Menschen zu diesem absoluten Ganzen jemals in irgendeiner angebbaren Form einen erfahrungsträchtigen Zugang haben können. Er erwägt deswegen, ob wenigstens der eine und andere konkrete »Teil von der ganzen Sphäre ihres Gebiets«[245] in Frage kommt, den sie sich durch den einen oder anderen dafür tauglichen Schritt jeweils zu eigen machen und so also schrittweise am absoluten Ganzen aller möglichen Erfahrung teilhaben können.

Diese Überlegungen führen Kant auf dem Weg zu den *Prolegomena* zu der Einsicht, daß sowohl das Alltagsleben wie auch die Arbeit der wissenschaftlichen Forschung von alters her von *wirklichen* Anteilen am absoluten Ganzen dieser *möglichen* Erfahrung förmlich nur so wimmelt. Für diese Anteile prägt er den Terminus *Erfahrungsurteile*,[246] exemplifiziert ihre alltäglichen Paradigmen durch das Urteil *Die Sonne erwärmt den* Stein,[247] ihre wissenschaftlichen Paradigmen durch das Urteil *Die Luft ist elastisch*[248] und analysiert ihre sprachliche Oberfläche, um den Blick für eine invariante Struktur solcher Erfahrungsurteile freizubekommen.[249] Die extrem verwickel-

---

[242] Prolegomena, Ak. IV, S. 255.
[243] S. 328.
[244] Ebd.
[245] Ebd.
[246] S. 208 ff.
[247] Vgl. S. 301* und 305*; in die zweite Auflage der Ersten Kritik nimmt er diesen Terminus und die mit ihm verbundene Einsichten sogleich in deren *Einleitung* auf, vgl. KrV, B 11.
[248] Vgl. Prolegomena, Ak. IV, S. 301.
[249] Vgl. S. 301* und 305* sowie unten S. 81 ff.

ten arbeitspragmatischen Umstände von Kants Arbeit an seiner nahezu hyper-komplexen Theorie haben zwar dazu geführt, daß er solche Paradigmen schon in der ersten Auflage der Ersten Kritik berücksichtigt hat (vgl. oben S. 44 f.). Doch ihre erfahrungstheoretische Bedeutsamkeit und ihre strukturellen Eigenschaften konnte er mangels der noch ausstehenden Einsichten der *Prolegomena* hier noch nicht klären. Sogar die alles entscheidende Einsicht in die wahre formale Struktur seiner Paradigmen für Erfahrungsurteile hängt von einem Element ab, dessen Fruchtbarkeit Kant in den verwickelten arbeitspragmatischen Umständen seiner Untersuchungen faktisch übersehen hat. Die wichtigste Spur zu diesem Element beginnt bei der gemeinsamen grammatischen Form seiner Paradigmen für Erfahrungsurteile – den zweistelligen Relationen-Prädikaten ... *erwärmt* - - -, ... *weicht* - - - und ... *härtet* - - -. Sie bringen in der einfachsten, aber auch komprimiertesten grammatischen Form einzelner kausalthematischer Prädikate das Verhältnis einer erwärmenden, weichenden bzw. härtenden Ursache zu der von ihr verursachten, also erwärmten, geweichten bzw. gehärteten Wirkung zur Sprache. Bei diesen Paradigmen handelt es sich also um Erfahrungsurteile, von denen jedes einen wahrnehmungs- bzw. materialspezifischen Fall von Kausalität thematisiert.

Doch schon in der ersten Auflage der Ersten Kritik berücksichtigt Kant den springenden Punkt, der für die Einsicht in die wahre formale Struktur *aller* kausal-thematischen Erfahrungsurteile entscheidend ist. Erst diese Einsicht macht seine Theorie unabhängig vom unüberschaubar vielfältigen und überdies auch noch wahrnehmungs- und materialspezifisch geprägten kausal-thematischen Prädikat-Vokabular. Diese Einsicht eröffnet die von Kant berücksichtigte kausal-thematische *syntaktische* Verknüpfungsform. Er benutzt sie im Rahmen der harmlos klingenden indirekten Frage »wie [...] *darum, weil* etwas ist, etwas anderes sein *müsse*«.[250] Paraphrasiert man das hier thematisierte syntaktische Muster in der umgangssprachlich am nächsten liegenden Form, dann erhält man die kausal-spezifische syntaktische Formel **Weil** *etwas der Fall ist,* **darum muß** *etwas anderes der Fall sein.* Das Schlüsselbeispiel aus den *Prolegomena* für ein alltägliches kausal-thematisches Erfahrungsurteil erhält also die Form **Weil** *die Sonne den Stein bescheint,* **darum muß** *er wärmer*

---

[250] KrV, B 288, Hervorhebungen R. E.

werden. Kants Paradigma für ein wissenschaftliches Urteil des Typs *Die Luft ist elastisch* erhält für einen konkreten Fall die Form **Weil** *die Luft hinreichend wenig dicht ist,* **darum muß** *sie dem eindringenden hinreichend rigiden Baum weichen.* Kants Rekurs auf diese alltägliche syntaktische Form zeigt in einem weiteren, besonders wichtigen und aufschlußreichen Fall, wie es ihm sogar bei diesem subtilen kategorial-syntaktischen Thema gelungen ist, für die transzendentalphilosophische Theorie der Erfahrung die Einsicht bewährt zu finden, daß ›unsere gemeine Sprache schon alles das enthält, was die Transzendentalphilosophie mit Mühe herauszieht‹.

Das sachliche Gewicht, das diese Einsicht in die wahre syntaktische Form kausal-thematischer Erfahrungsurteile mit sich bringt, ist in lehrbuchreifer Form zwar erst nach der Mitte des 20. Jahrhunderts durch eine besonders wichtige Untersuchung der Analytischen Philosophie unmißverständlich zur Sprache gebracht worden.[251] Doch im Licht dieser Klärung ist es leicht, die entsprechenden Elemente auch im Text von Kants Kausalitäts-Theorie zu identifizieren. In aller vorläufigen Kürze handelt es sich darum, daß die *weil*-Konjunktion in diesem Zusammenhang die Ursache als eine *hinreichende Bedingung* zur Sprache bringt, während es dieser hinreichende Charakter dieser ursächlichen Bedingung mit sich bringt, daß die *darum*-Konjunktion zum Ausdruck bringt, daß die Wirkung einer solchen ursächlichen Bedingung der Fall sein *muß,* also *notwendigerweise* der Fall ist, wenn und sobald die hinreichende Bedingung erfüllt ist – andernfalls wäre sie keine hinreichende, sondern allenfalls eine notwendige Bedingung.[252] Kant selbst bringt diese so wichtige suffizienz-konditionale Struktur der Kausalität immer wieder unmißverständlich zur Sprache, indem er die an ihr beteiligte Wirkung als das charakterisiert, was der Fall sein *muß* bzw. *notwendigerweise* der Fall ist, *wenn und sobald* ihre Ursache im Format einer hinreichenden Bedingung erfüllt ist.[253]

Es ist die Berücksichtigung der sprachlichen, der grammatischen und der logischen Oberflächenform der Erfahrungsurteile am Leitfaden ihrer kausal-thematischen Paradigmen, durch die Kant der

---

[251] Vgl. vor allem Georg Henrik von Wright, On the Logic and Epistemology of the Causal Relation, in: Ernest Sosa (Hg.), Causation and Conditionals, Oxford 1975, S. 95–113.

[252] Von Wright, s. o. Anm. 251, zeigt dies in aller Kürze, vgl. S. 96–97.

[253] Vgl. vor allem KrV, A 194, B 239; A 198, B 243–244; A 200, B 246.

doppelte Reifesprung für seine Theorie gelingt. Vorläufig zeigt sich dieser Reifesprung in einer grammatischen und einer begrifflichen Bereicherung. Sie zeigt sich, wenn man die kritischen, scheinbar nur grammatisch relevanten Hinweise Kants nicht vergißt, daß man im Licht seiner Theorie angemessen nur im Plural von Wahrmehmung*en* und im Singular nur von *einer* Erfahrung, aber nicht im Plural von Erfahrung*en* sprechen kann. Mit dem Typus des Erfahrungsurteils und seinen lexikalischen, grammatischen und syntaktischen Eigenschaften hat er indessen gleichsam ein Zwischenglied gefunden. Es erlaubt nicht nur – wie bei den Wahrnehmung*en* –, im Plural von Erfahrungsurteil*en* zu sprechen, ohne die Singular-Regel für die *eine* Erfahrung zu stören. Insbesondere hat er mit Hilfe seiner Analysen dieses Urteils-Typus herausgefunden, in welcher Form die Menschen schrittweise an diesem ›absoluten Ganzen aller möglichen Erfahrung‹ teilhaben *können*. Vor allem *haben* sie auch schon seit unvordenklichen Zeiten mit beständig wachsendem Erfolg sowohl in ihrem Alltagsleben wie in der wissenschaftlichen Forschung *faktisch* daran *teilgenommen* – weil sie nämlich unüberschaubar *viele* Erfahrungsurteile des von Kant mehrfach exemplifizierten Typs gewonnen und immer wieder von neuem bewährt gefunden haben.

3.4. Der weiteste Ausblick: Die Bedingungen der Fruchtbarkeit und der Möglichkeit der Erfahrung

Kant ist unter diesen Voraussetzungen auf dem Weg, eine Frage zu beantworten, die er gar nicht ausdrücklich gestellt hat, obwohl sie einen vergleichbaren sachlichen Rang hat wie seine prominente Leitfrage nach den Bedingungen der Möglichkeit der Erfahrung: Es ist die Frage nach den Bedingungen der *Fruchtbarkeit* der Erfahrung, also nach den Bedingungen der Möglichkeit, immer wieder von neuem durch neue Erfolge am ›absoluten Ganzen aller möglichen Erfahrung‹ teilzunehmen. Es ist diese Frage, zu deren Beantwortung die Einsicht in die Struktur und die Funktion der Erfahrungsurteile die wichtigste Tür öffnet. Denn es sind eben diese Erfahrungsurteile, deren immenser faktischer Fundus im Alltag und in der Wissenschaft zeigt, in welchem außerordentlichen Maß die Fruchtbarkeit der Erfahrung den Menschen bereits zu solchen Anteilen verholfen hat. Auf diesen Fundus rekurriert nicht nur Kant, wenn er den Menschen eine

»Erfahrenheit langer Zeiten«[254] attestiert. Auf diesen Fundus von bewährten Erfahrungsurteilen rekurrieren die Menschen auch stillschweigend diesseits der transzendental-logischen Theorie der Erfahrung immer wieder von neuem. Denn in seinem Schutz finden sie sich *berechtigt*, die mit ihm verbundenen Bewährungsgrade ihrer Erfahrungsurteile zumindest so lange immer wieder von neuem in Anspruch zu nehmen, wie sie auf keine grundsätzlich ernstzunehmenden widerspenstigen Phänomene stoßen. Sie verlassen sich also dank ihrer ›Erfahrenheit langer Zeiten‹ berechtigterweise auf »[a]lle[n] Zuwachs des empirischen Erkenntnisses und jede[n] Fortschritt der Wahrnehmung«,[255] wie er ihnen immer wieder von neuem durch den empirischen Gebrauch von Kategorien in neuen empirischen Erfahrungsurteilen beschert werden kann.

Doch Berechtigung ist nicht dasselbe wie Rechtfertigung – also wie eine *allgemeine und zureichende Begründung* dafür, daß und warum sich *alle* Menschen *jederzeit* darauf verlassen können, daß sie durch ihren empirischen Gebrauch der Kategorien in Erfahrungsurteilen immer wieder von neuem neue Anteile am ›absoluten Ganzen aller möglichen Erfahrung‹ erwerben können. Die Leitfrage nach den Bedingungen der Möglichkeit der Erfahrung setzt daher mit ihrem weitesten Ausblick genau an diesem Punkt an. Erst ein sorgfältiger Blick auf ein besonders wichtiges Muster der *Grundsätze*,[256] die diese Bedingungen formulieren, trägt dazu bei, diesen Zusammenhang zu durchschauen. Es ist kein Zufall, an welcher Stelle der Beantwortung dieser Frage Kant betont, daß diese Antwort darauf ziele, die »formalen Bedingungen der empirischen Wahrheit«,[257] also die des empirischen Gebrauchs der Kategorien in Erfahrungsurteilen zu klären. Denn eine dieser formalen Bedingungen der empirischen Wahrheit wird gerade vom Kausalitäts-Prinzip formuliert. Es formuliert also die formalen Bedingungen der empirischen Wahrheit aller *weil - - -, darum muß ...*-Erfahrungsurteile über individuelle Fälle von Kausalität.

Kants Formulierung des viel beachteten Prinzips der Kausalität kann dies zeigen: »Alles, was geschieht (anhebt zu sein), setzt etwas

---

[254] Reflexionen zur Metaphysik, Ak., XVIII, R 5645, S. 287–288.
[255] KrV, A 210, B 255.
[256] Vgl. *Das System der Grundsätze des reinen Verstandes*, KrV, A 150, B 189–A 235, B 294.
[257] A 191, B 236.

voraus, worauf es nach einer Regel folgt«.[258] Von der *weil - - -, darum muß* ...-Form der kausal-thematischen Erfahrungsurteile wird hier zwar offensichtlich nicht direkt Gebrauch gemacht. Doch das ist weder ein Fehler noch inkonsequent. Denn den springenden Punkt der Formulierung dieses außerordentlich wichtigen Prinzips bildet Kants Ziel, *ganz und gar allgemein* über *alle möglichen* Fälle von Kausalität zu sprechen, während sich die *weil - - -, darum muß* ...-Form ausschließlich zur Formulierung von Beurteilungen jedes konkreten einzelnen Falles von Kausalität eignet. Deswegen thematisiert dieses Prinzip zunächst *alles*, was geschieht, und thematisiert erst danach, wenngleich im selben Atemzug das, was alles Geschehnis nach einer Regel *voraussetzt*, als *Ursache*, also als hinreichende Bedingung dessen, was in *jedem* kausal relevanten Einzelfall geschieht; umgekehrt wird damit alles, was geschieht, als Kandidat für die Rolle der *Wirkung* dessen thematisiert, was es nach einer Regel in der Rolle seiner Ursache, also seiner hinreichenden Bedingung voraussetzt. Die gewisse Umständlichkeit, die für eine entsprechende Kommentierung dieser Formulierung des Kausalitäts-Prinzips nötig ist, spricht nicht etwa gegen diese Formulierung. Sie macht umgekehrt vielmehr darauf aufmerksam, welche Sorgfalt der Reflexion und der Analyse Kant aufbringen mußte, um eine tragfähige Brücke von der *weil - - -, darum muß* ...-Form für die Beurteilung jedes *individuellen* Falles von Kausalität zu einer Form zu finden, in der es in sachgemäßer Weise möglich ist, über *alle möglichen* Fälle von Kausalität zu sprechen – man wird schwerlich eine angemessenere Form dafür finden.

Die Schlüsselrolle, die dieses Prinzip auch mit Blick auf die Bedingungen der Fruchtbarkeit der Erfahrung spielt, kann sofort verständlich werden, wenn man beachtet, wie dieses Prinzip vervollständigt werden muß, damit seine Rolle als eine von nicht mehr und nicht weniger als acht notwendigen Bedingungen der Möglichkeit der Erfahrung durchsichtig wird. Vor allem aber bildet es unter allen acht *Grundsätzen* ausdrücklich nur eine von lediglich drei *Analogien der Erfahrung*.[259] Nur ihnen schickt Kant daher »Das Prinzip derselben« voraus, das sie – und nur sie – darauf festlegt zu zeigen, wie »Erfahrung [...] nur möglich [ist]«.[260] Die vollständige Formulierung des Kausalitäts-Prinzips kann daher nur lauten: ›*Erfahrung ist nur dann*

---

[258] A 189.
[259] Vgl. KrV, A 176, B 218–A 181, B 224.
[260] B 218.

möglich, wenn alles, was geschieht (anhebt zu sein), etwas voraussetzt, worauf es nach einer Regel folgt‹. Doch nur wenn gezeigt werden kann – und gerade das unternimmt Kant zu zeigen –, daß diese notwendige *universelle Kausalitäts*-Bedingung erfüllt ist, ist die ununterbrochene Zuversicht der Menschen ein für alle Mal mit guten Gründen *gerechtfertigt*, daß sie immer wieder von neuem zu *jedem* individuellen Geschehnis G_n, das sie irgendwann beobachten, ein anderes, unmittelbar früheres Geschehnis G_m aufspüren können, auf das G_n nach einer Regel folgt – also so, daß *weil* G_m, *darum muß* G_n.

Das von Kant zur Sprache gebrachte Kausalitäts-Prinzip hat verständlicherweise immer wieder ganz besonders das Interesse von Grenzgängern zwischen Naturwissenschaften und der Philosophie Kants, nicht zuletzt aber auch von Wissensschaftstheoretikern auf sich gezogen (s. o. S. 33 ff.). Eine besonders bedeutsame Rolle spielt es in einem Aufsatz, die der Philosoph und Wissenschaftstheoretiker Wolfgang Stegmüller 1967–68 unter dem Titel *Gedanken über eine mögliche rationale Rekonstruktion von Kants Metaphysik der Erfahrung*[261] veröffentlicht hat. Mit den besten damals verfügbaren Mitteln der Formalen Logik und der Wissenschaftstheorie unternimmt er hier einen energischen Versuch, Kants Theorie als ontologische Metatheorie der empirischen Naturwissenschaften zu rekonstruieren. Der zitierte Kausalitäts-Grundsatz bildet in Stegmüllers Rekonstruktion eines von zwei Schlüsselmustern der entsprechenden Meta-Sätze, die das Format und die Funktion von ontologischen Obersätzen aller empirischen physikalischen Forschung haben, also von Sätzen über die Existenz von Grundstrukturen der physikalischen Welt, z. B.: »Es existiert eine absolute, auf der Kausalstruktur der Welt beruhende Relation ›früher als‹ (›später als‹), die für beliebige physikalische Zustände und Vorgänge definiert ist«.[262]

Diese Auffassung geht aus einer ontologischen Irreführung hervor, die allerdings unzweifelhaft auf eine subtile Unschärfe in Kants Formulierung des Kausalitäts-Prinzips zurückgeführt werden kann. Ich erinnere noch einmal an diese Formulierung: *Alles, was geschieht (anhebt zu sein), setzt etwas voraus, worauf es nach einer Regel folgt.* Nachdem sich gezeigt hat, daß die vollständige Fassung dieses Prin-

---

[261] Vgl. Wolfgang Stegmüller, Gedanken über eine mögliche rationale Rekonstruktion von Kants Metaphysik der Erfahrung ([1]1967–68), wieder abgedr. in: ders., Aufsätze zu Kant und Wittgenstein, Darmstadt 1974, S. 1–61.
[262] S. 39.

zips mir mit Hilfe des transzendentalen Präfixes ›*Erfahrung ist nur dann möglich, wenn* alles, was geschieht (anhebt zu sein), etwas voraussetzt, worauf es nach einer Regel folgt‹ gelingt, zeichnet sich auch ab, wie man nach dem irreführenden Punkt in Kants originaler Formulierung suchen kann. Denn man kann das irreführende ontologische Potential, das in dieser Formulierung steckt, leicht mit Hilfe einer ganz elementaren Technik der auch von Stegmüller genutzten modernen Logik sichtbar machen, indem man den *Grundsatz* so paraphrasiert: *Zu allem, was geschieht (anhebt zu sein),* **existiert** *etwas, worauf es nach einer Regel folgt.* Diese Version macht unübersehbar deutlich, was in Kants Version von nahezu verschwindender Unscheinbarkeit ist – daß dieser Grundsatz ein ontologisches Moment in Form eines unscheinbaren Existenz-Faktors enthält. Dieses unscheinbare ontologische Moment wird in Stegmüllers Auffassung direkt zu einer massiven ontologischen Behauptung über die Existenz einer ›Kausalstruktur der Welt‹ gesteigert. Was ist daran falsch?

Die fruchtbare Pointe der Vervollständigung des Kausalitäts-Prinzips mit Hilfe des transzendentalen Präfixes besteht darin, daß es unmißverständlich zeigt, daß Kant mit diesem Grundsatz alles andere als eine wie auch immer mißverstandene ontologische Behauptung über die Existenz von *allem* macht, was in der Welt geschieht, also über die Welt-im-ganzen. Seine Pointe besteht vielmehr darin, daß es das ontologische Moment innerhalb der Formulierung des Grundsatzes ganz einfach *neutralisiert*. Denn die Behauptung des Grundsatzes besagt jetzt zwar, daß *Erfahrung nur dann möglich ist,* **wenn** zu allem, was geschieht (anhebt zu sein), *etwas* **existiert**, worauf es nach einer Regel folgt. Aber es wird eben nicht behauptet, *daß* so etwas existiert, sondern ausschließlich, daß Erfahrung *nur dann* möglich ist, *wenn* so etwas existiert, bzw. daß Erfahrung *nicht* möglich wäre, wenn so etwas *nicht* existieren würde. Die Frage, *ob* so etwas existiert oder nicht, ist eine empirische bzw. empiristische Frage, die mit den formalen Mittel von Kants Philosophie gar nicht beantwortet werden kann. Kant würde sogar sich selbst mißverstehen, wenn er sie für eine Frage hielte, die man im Rahmen seiner Philosophie sinnvollerweise auch nur stellen könnte.

Mit der in den *Prolegomena* neu gewonnenen, zumindest paradigmatischen Einsicht in spezifische strukturelle und funktionale Eigenschaften der Erfahrungsurteile gelingt es Kant daher, das Komplexe seiner Theorie durch einen extremen Spannungsbogen zu verdeutlichen, der die ganze Struktur der Erfahrung durchzieht und sie mit vier Knotenpunkten markiert: 1. Am ›höchsten Punkt‹ seiner ganzen ›critischen‹ Philosophie wird die seelische Spontaneität bzw. Selbsttätigkeit thematisiert, vermöge derer die Menschen – und nur die Menschen – Urteile der einfachsten und der komplexesten logisch-grammatischen Formen bilden können; 2. am tiefsten von ihm thematisierten Punkt speziell seiner Theorie der Erfahrung zeigt sich am Paradigma der *weil - - -, darum muß …*-Urteile über individuelle Fälle von Kausalität, wie diese seelische Spontaneität bzw. Selbsttätigkeit in strikter Verbindung mit der Authentizität ihrer Sinneswahrnehmungen den Menschen dazu verhilft, aus direkten und indirekten, also vor allem experimentell gewonnenen Wahrnehmungen – und nur aus ihnen – objektiv wahrheitsfähige Erfahrungsurteile zu gewinnen; denn 2.1. muß die stillschweigende seelische Spontaneität bzw. Selbsttätigkeit, die auch an solchen Urteilen beteiligt ist, mit Hilfe des einfachen ergänzenden Kunstgriffs der Form des Urteils **Ich denke, daß**, *weil etwas Wahrnehmbares der Fall ist, darum muß etwas anderes Wahrnehmbares der Fall sein* ausdrücklich zur Sprache gebracht werden können; und schließlich muß 4. dieser stillschweigende seelische Anteil der Spontaneität mit Hilfe desselben Kunstgriffs sogar bei *jedem* Urteil ausdrücklich zur Sprache gebracht werden können, das eine notwendige Bedingung der Möglichkeit dafür formuliert, durch solche Erfahrungsurteile schrittweise am ›absoluten Ganzen der möglichen Erfahrung‹ teilzuhaben, paradigmatisch also im Fall des Kausalitäts-Prinzips ›Alles, was geschieht (anhebt zu sein), setzt etwas voraus, worauf es nach einer Regel folgt‹ (vgl. oben S. 96–97) in der Form **Ich denke, daß** *alles, was geschieht (anhebt zu sein), etwas voraussetzt, worauf es nach einer Regel folgt.*

Als die letzte der ursprünglichen Einsichten Kants, die hier gleichsam als Blickfänge für wichtige Knotenpunkte seiner ganzen Theorie ins Auge gefaßt werden, kann daher noch einmal der Werkstattbericht Kants aus den *Prolegomena* in Erinnerung gerufen werden, der diese hier ins Auge gefaßten Knotenpunkte geradezu in programmatischer Weise in den Blick nimmt. Mit diesem Werkstattbericht gibt er einen ebenso komprimierten wie pointierten retrospektiven Einblick sowohl in die ganze Bewegung wie in die Quintessenz des ununterbrochenen Nachdenkens, die ihn während der rund zehn schweigenden Jahre bis zur Publikation der Ersten Kritik – und weit darüber hinaus – in Atem gehalten haben: »Ich sah mich nach einer Verstandeshandlung um, die alle übrigen enthält und sich nur durch die verschiedenen Modifikationen oder Momente unterscheidet, das Mannigfaltige der Vorstellungen unter die Einheit des Denkens zu bringen, und da fand ich, diese Verstandeshandlung bestehe im Urteilen«.[263] Damit gibt Kant nicht mehr und nicht weniger zu verstehen, als daß er während der Arbeit des schweigenden Jahrzehnts den umfassenden Plan einer Philosophie der Urteilsanalyse ins Auge gefaßt hat. Ihn hat er in den nachfolgenden fünfzehn Jahren zunächst mit den Analysen der erfahrungsrelevanten Urteile in der Ersten Kritik, anschließend mit den Analysen der moralischen Urteile in der *Kritik der praktischen Vernunft*, danach mit den Analysen der ästhetischen und der teleologischen Urteile in der *Kritik der Urteilskraft* und schließlich mit den Analysen der rechtlichen Urteile in der *Metaphysik der Sitten* ins Werk gesetzt. Damit hat Kant – nach Platon und Aristoteles sowie nach Locke und Hume – die dritte klassische, also umfassend kohärente Analytische Philosophie *avant la lettre* ausgearbeitet. Sie entwickelt im ganzen eine Antwort auf seine frühe, aus seinem Rousseau-Erlebnis hervorgegangene Frage »was denn das für eine geheime Kraft sei, durch die das Urteilen möglich wird«.[264] Seine Antwort hat die methodische Gestalt einer umfassenden formalen Analyse der erfahrungsrelevanten und der praktischen sowie der ästhetischen und der teleologischen *Produkte der Urteilskraft*. Auf diesem Weg bildet seine urteils-analytische Philosophie der Erfahrung den alles andere leitenden und prägenden Eröffnungszug.

4. Holzwege scheinbarer Erfahrungen und Rückzugswege der Metaphysik

4.1. Der Zugang zu den Holzwegen scheinbarer Erfahrungen

Entgegen einer naheliegenden gegensätzlichen Auffassung handelt es sich auch bei der Ersten Kritik um eine Metaphysik. Die Auffassung, sie sei keine Metaphysik, hält irrtümlicherweise an einem Metaphysik-Kriterium Kants fest, bei dem es sich nur um eines von zwei einander ergänzenden Kriterien handelt. Es sollte indessen zu denken geben, daß Kant selbst die Erste Kritik ausgerechnet auch noch während der Wochen ihres Erscheinens als »die Metaphysik von der

---

[263] Prolegomena, IV, S. 323.
[264] Spitzfindigkeit, Ak. II, S. 60.

Metaphysik«[265] kennzeichnet. Doch diese Kennzeichnung entspricht nahtlos dem *methodologischen* Metaphysik-Kriterium, dessen Formulierung er konsequenterweise ausdrücklich der *Methodenlehre* der Ersten Kritik vorbehält. Denn der Name der Metaphysik »[kann] auch […] der Kritik gegeben werden […], um […] die Untersuchung alles dessen, was jemals a priori erkannt werden kann, […] von allem empirischen aber, imgleichen dem mathematischen Verstandesgebrauche unterschieden ist, zusammen zu fassen«.[266] Diese *Methodenlehre* erörtert aber gleichzeitig auch *Die Architektonik der reinen Vernunft*, die »das System der reinen Vernunft (Wissenschaft), die ganze (wahre sowohl als scheinbare) philosophische Erkenntnis a priori im systematischen Zusammenhange«[267] betrifft und das methodologische Kriterium somit klar vom *architektonischen* Kriterium abgrenzt. Im Sinne dieses architektonischen Kriteriums gehören die Metaphysik der Natur und die Metaphysik der Sitten zur Architektur der Metaphysik. Wenn Kant die Erste Kritik sogar selbst als die Metaphysik der Metaphysik apostrophiert, dann bedeutet dies, daß sie die unerläßliche, im emphatischen Sinne ›critisch‹-methodologische, aber gleichwohl metaphysische Vorarbeit leistet, um die Möglichkeiten und die Grenzen dieser speziellen metaphysischen Architektur zu klären.

Im Horizont des methodologischen Kriteriums ging es vor allem darum, die »*formalen* Bedingungen der empirischen Wahrheit«,[268] also die des empirischen Gebrauchs der Kategorien in Erfahrungsurteilen mit Hilfe von ebenso komplexen wie subtilen analytischen Mitteln zu klären. Doch innerhalb der Ersten Kritik ist einer weit ausgreifenden Aufgabe unter dem Namen der *Transzendentalen Dialektik* eine entsprechend umfangreiche *Abteilung* gewidmet. Sie nimmt sich nicht zuletzt auch einer in methodischer Hinsicht besonders raffinierten Aufgabe an. Denn im Rahmen dieser Aufgabe wird einerseits selbstverständlich und zumindest probeweise unterstellt, daß es in den vorangegangenen Teilen gelungen sei, die ›formalen Bedingungen der empirischen Wahrheit‹ vollständig zu klären. Indessen erprobt sie zugunsten dieser Theorie der Erfahrung einen

---

[265] Briefe, Ak. X, Brief an Markus Herz vom 11. Mai 1781, S. 69.
[266] KrV, A 841, B 869.
[267] Ebd.
[268] A 191, B 236, Hervorhebung R. E.; vgl. oben S. 80 ff.

»Probierstein ihrer Richtigkeit«.[269] Die Raffinesse dieser Aufgabe besteht darin, daß sie zwei Aufgaben in paradoxer methodischer Form verbindet. Denn mit Blick auf die vom architektonischen Kriterium ins Auge gefaßte ›ganze (wahre sowohl als scheinbare) philosophische Erkenntnis a priori‹ testet sie die von ihr probeweise unterstellte ›wahre philosophische Erkenntnis a priori‹ der Theorie der Erfahrung, indem sie paradigmatischen Auffassungen der überlieferten Metaphysik mit Mitteln eben dieser Theorie nachzuweisen sucht, daß es sich bei ihnen nur um ›scheinbare philosophische Erkenntnisse a priori‹ handelt. Es liegt auf der Hand, daß eine Bearbeitung dieser paradox scheinenden Aufgabe nur dann gelingen kann, wenn die ›formalen Bedingungen der empirischen Wahrheit‹ und die kritisierten Paradigmen an einem und demselben Aspekt orientiert sind, während die Paradigmen von diesem Aspekt in einer Form Gebrauch machen, der nachweislich Fehler zeigt, wie ihn die Theorie der Erfahrung nachweislich nicht nur vermeidet, sondern als solchen überhaupt erst sichtbar macht. Kant ist sich des extremen Schwierigkeitsgrades dieser Aufgabe bewußt. Er charakterisiert sie entsprechend als »ein Experiment der Vernunft, das sie mit sich selbst anstellt«, indem sie das, was »in der Analytik der Kritik der reinen Vernunft vorher a priori [...] bewiesen worden war, bestätigt«.[270] Im Rahmen dieser Aufgabe bildet die Theorie der Erfahrung gleichsam das Eichgewicht, auf das es im Rahmen einer Versuchsanordnung in Gestalt einer Waage ankommt: Die Unbeweglichkeit der Schale, auf der das Eichgewicht in Gestalt dieser Theorie liegt, zeigt, daß das Wägegut, das in Gestalt jeweils eines der überlieferten metaphysischen Paradigmen auf der anderen Schale liegt, *nichts* wiegt. Ihr Nichts an Gewicht zeigt im Rahmen dieses Experiments, daß sie, gemessen an den ›critischen‹ Maßstäben der Theorie der Erfahrung lediglich ›scheinbare philosophische Erkenntnisse a priori‹ repräsentieren.

Selbstverständlich kann diese Waage-Analogie des ›Experiments der Vernunft mit sich selbst‹ nicht annähernd den Komplikationen gerecht werden, von denen der intendierte Erfolg dieses Experiments abhängt. Sie soll auch lediglich, wie das bei solchen Analogien üblich ist, das Ergebnis möglichst suggestiv veranschaulichen, das Kant intendiert. Der buchtechnische Name *Die transzendentale Dialektik*, unter dem Kant dieses Experiment in allen begrifflichen und argu-

---

[269] KrV, A 295, B 352.
[270] Vorarbeiten und Nachträge, Ak. XX, S. 290–291.

mentativen Einzelheiten vor Augen führt, mag vor allem in unseren dialektik-inflationären Tagen wenig geeignet sein, von der methodischen Strenge auch nur eine Ahnung zu vermitteln, mit der Kant diesen Komplikationen gerecht zu werden sucht. Im Rahmen dieses Essays kann jedoch wieder eine Vereinfachung helfen, die den springenden Punkt dieses Experiments in Gestalt der Reduktion auf einen besonders wichtigen Knotenpunkt zu erfassen erlaubt. Dieser springende Punkt hat den Vorteil, daß er die Rolle besonders gut zu durchschauen erlaubt, mit der der bisher schon genutzte Leitfaden der Kausalitäts-Analysen auch in diesem Experiment von besonders großem Nutzen für den mit ihm intendierten Erfolg ist – u. a. der Intention, scheinbare Erfahrungen als solche zu entlarven.

4.2. Ein paradigmatischer Holzweg scheinbarer Erfahrungen und der paradigmatische Rückzugsweg

Die Holzwege der überlieferten Metaphysik, die Kant analysiert, gehören allerdings zu grundverschiedenen Typen. Gemeinsam ist ihnen ausschließlich, daß die von ihm gewählten Paradigmen an nicht leicht zu durchschauenden fatalen Fehlern leiden, wie sie sich erst im Licht der ›critischen‹ Maßstäbe seiner Theorie der Erfahrung aufspüren lassen. Einer dieser paradigmatischen Holzwege hat sich sogar schon innerhalb der Erörterung des ›höchsten Punkts‹ seiner Philosophie gezeigt (s. o. S. 55–59). Denn seine alles andere prägende Konzeption des spontanen Akts, mit dem die Seele des Menschen dessen gesamte beliebig elementare und beliebig komplexe Urteilspraxis durchdringt, bildet den ›critischen‹ Maßstab, an dem die überlieferte substanz-ontologische Auffassung einer absolut selbständig existierenden Entität namens Seele scheitert. Typologisch pflegt man Kants Auffassung im heute konventionellen technischen Jargon als funktionalistische Auffassung zu charakterisieren. Diese Charakterisierung ist gewiß nicht falsch. Doch sie läßt nur allzu leicht verkennen, daß Kant diese funktionalistische Konzeption auf derselben fundamentalen, den Menschen *als* Menschen charakterisierenden Stufe ansiedelt, den die substanz-ontologische Auffassung während mehr als zweitausend Jahren – wenngleich in Verbindung mit kaum überschaubaren Modifikationen – für sich in Anspruch genommen hatte.[271]

---

[271] Bevor Kant dieser Auffassung, ungeachtet ihrer philosophiegeschichtlichen Viel-

Einen zweiten dieser paradigmatischen Holzwege der überlieferten Metaphysik entdeckt Kant in Gestalt der Versuche, die Existenz der Welt-im-ganzen, also aller in ihr vorfindlichen individuellen Vorgänge und Zustände auf eine einzige, von nichts weiter abhängige, also unbedingte Ursache zurückzuführen – sei es in Gestalt eines demiurgischen Gottes oder in Gestalt eines nichtpersonalen Unbedingten.[272] Dieser Holzweg gehört seinerseits zu einer Gruppe von vier paarweisen Holzwegen, die durch eine gemeinsame inhaltliche Gemeinsamkeit und durch drei gemeinsame formale Gemeinsamkeiten charakterisiert sind: Jedes dieser vier Paare präsentiert unter dem Namen eines *Widerstreits* einen konträren Gegensatz; jeder dieser Gegensätze umfaßt eine *Thesis* und eine *Antithesis* über die Welt-im-ganzen; und jeder dieser vier Widerstreite trägt zu einer homogenen »Antinomie der reinen Vernunft«[273] bei – also zu einer unvernünftigen Widergesetzlichkeit, durch die die Vernunft in einen Streit mit sich selbst verstrickt wird. Aus diesem Streit mit sich selbst sucht die Vernunft mit Hilfe eines ›Experiments mit sich selbst‹ einen Ausweg.

Die abstrakte Beschreibung dieser Antinomie und ihrer funktionalen Elemente kann selbstverständlich zu keiner auch nur annähernd nützlichen Orientierung über die innere Stringenz, Konsequenz und Plausibilität verhelfen, mit denen Kant sie analysiert. Um so nützlicher für eine solche Orientierung mag es daher auch hier wieder sein, einen ausgezeichneten Knotenpunkt unter den vier Holzwegen dieser Elemente zu markieren, der besonders gut helfen kann, diese Stringenz, Konsequenz und Plausibilität immerhin in paradigmatischer Weise zu vermitteln. Denn erst wenn ein solcher paradigmatischer Holzweg in seinen wichtigsten Einzelheiten geklärt ist, kann auch das Paradigmatische des Auswegs aus ihm klar werden.

Die »Thesis« des »Dritten Widerstreit[s]« lautet: »Die Kausalität

---

gestaltigkeit, ihre innere Fehlerhaftigkeit nachweisen kann, rekonstruiert er sie allerdings in denkbar knapper Weise in der *äußeren* Form eines Syllogismus – also in der *äußeren* Form einer Schlußfolgerung aus zwei Prämissen und deren Conclusio. Diesem Gebilde kann er dann den Fehler nachweisen, daß in ihm unter Verletzung einer syllogistischen Regel versteckterweise von vier und nicht, wie es logisch korrekt wäre, von drei verschiedenen Begriffen Gebrauch gemacht wird. Die verletzte Regel verbietet mit Blick auf einen gültigen Syllogismus also die Vervierfachung der Begriffe (*quaternio terminorum*). Von der Frage der Angemessenheit von Kants syllogistisch-rekonstruktivem Kunstgriff hängt indessen nicht ab, ob seine Spontaneitäts-Konzeption der Seele tragfähig ist oder nicht.

[272] Vgl. KrV, A 444, B 472–A 451, B 479.
[273] A 426, B 454; A 461, B 489.

nach Gesetzen der Natur ist nicht die einzige, aus welcher die Erscheinungen der *Welt insgesamt* abgeleitet werden können. Es ist noch eine Kausalität durch Freiheit zur Erklärung derselben anzunehmen notwendig«.[274] Die entsprechende »Antithesis« lautet: »Es ist keine Freiheit, sondern *alles in der Welt* geschieht lediglich nach Gesetzen der Natur«.[275] Ungeachtet der abstrakten begrifflichen Komplexität, die diese beiden Sätze in sich versammeln, hat Kant das ausschlaggebende gemeinsame, fundamental irrige Strukturmoment dieser beiden Sätze und ihrer drei Nachbarpaare mit einem scharfsinnigen Einblick durchschaut. In seiner Sprache diagnostiziert Kant zu Recht, daß jeder dieser acht Sätze eine »Falschheit der Voraussetzung«[276] enthalte. In der Sprache der modernen Logik hat Günther Patzig dieselbe Diagnose als ›unerfüllte‹ Voraussetzung‹ bzw. ›unerfüllte *Präsupposition*‹ charakterisiert.[277] Den springenden Punkt bildet der Umstand, daß in allen vier Paaren einheitlich – wenngleich mit belanglosen stilistischen Varianten – Behauptungen über die Welt-im-ganzen formuliert werden. Doch damit unterstellen bzw. ›präsupponieren‹ alle beteiligten Sätze irrigerweise, daß die Welt-im-ganzen ein möglicher Gegenstand der Erfahrung sei. Sie verführen also jeden, der sie sich zu eigen macht, *scheinbare* mögliche Erfahrungen mit wirklichen möglichen Erfahrungen zu verwechseln. Den sorgfältigen langjährigen Analysen solcher unerfüllten Voraussetzungen durch die moderne Logik verdanken wir eine besonders plausible Möglichkeit, die vergleichsweise komplexe Struktur eines Widerstreits der kosmologischen Antinomie durch einfachste Beispiele von ebenso strukturierten alltäglichen Beispielen plausibel zu machen. Ein geradezu klassisches Beispiel aus dieser Tradition der modernen Logik bildet der Satz *Der gegenwärtige König von Frankreich ist kahlköpfig*. Die unerfüllte Präsupposition, die diesen Satz mit einer ›Falschheit der Voraussetzung‹ verbindet, besteht darin, daß Frankreich gegenwärtig keinen König hat. Diese gemeinsame Struktur dieses einfachen Satzes und jedes Satzes, der an einem Widerstreit der kosmologischen Antinomie beteiligt ist, führt dazu, daß generell über

---

[274] A 444, B 472, Hervorhebung R. E.
[275] A 445, B 473, Hervorhebungen R. E.
[276] Prolegomena, Ak. IV, S. 343.
[277] Vgl. Günther Patzig, Art. Widerspruch, in: Handbuch philosophischer Grundbegriffe, H. M. Baumgartner/Chr. Wild (Hg.), München 1973, S. 1694–1702, bes. S. 1697 f.

Wahrheit und Falschheit solcher Sätze nicht geurteilt werden kann. Ihre Beurteilbarkeit erschöpft sich, wie Kant es treffend formuliert, im Urteil über die ›Falschheit der *Voraussetzung*‹, die ihnen ganz ungeachtet aller möglichen inhaltlichen Unterschiede gemeinsam ist. Die überlieferte Metaphysik hat sich daher mit *jeder* ihrer Thesen über die Welt-im-ganzen ebenso auf einen Holzweg begeben wie jeder, der sich Thesen über die Welt-im-ganzen zutraut – jede solche These mündet in die Ausweglosigkeit der unerfüllten Präsupposition bzw. Falschheit der Voraussetzung, die Welt-im-ganzen sei ein möglicher Gegenstand der Erfahrung.

Es gehört zu den methodischen Besonderheiten von Kants Erörterungen der acht Paare von Sätzen über die Welt-im-ganzen, daß der Einblick in ihre gemeinsame fundamental fehlerhafte Struktur gleichzeitig den Wendepunkt bildet, an dem der Rückzugsweg beginnt, den die ›critische‹ Theorie der Erfahrung eröffnet, der jedoch der überlieferten kosmologischen Metaphysik noch verschlossen war. Das vergleichsweise ›Critische‹ der Theorie der Erfahrung zeigt sich darin, daß ihre Untersuchungen sich ausschließlich darum bemühen, die ›*formalen Bedingungen* der empirischen Wahrheit‹ zu klären. Im Gegensatz zur kosmologischen Metaphysik gibt sie jedoch nicht der irreführenden Versuchung nach, selbst und im Rahmen ihrer methodischen Möglichkeiten Wahrheiten zu entdecken, schon gar nicht empirische Wahrheiten über die Welt-im-ganzen. Sogar da, wo sie pseudoempirische Urteile wie die Kausal-Diagnose *Die Sonne erwärmt den Stein* durchaus treffend *thematisiert,* hat sie die durch sie repräsentierten empirischen Tatsachen ja nicht etwa mit ihren ureigenen methodischen Mitteln der formalen Reflexion und Analyse *entdeckt.* Sie hat mit diesen Mitteln lediglich herausgefunden, daß solche alleralltäglichsten Urteile die von ihr erstmals entdeckten und analysierten Kategorien, also die zentralen *formalen Bedingungen* der empirischen Wahrheit erfüllen – im konkreten Fall die kategoriale *weil - - -, deswegen muß ...*-Urteilsform. Solche Urteile repräsentieren konkrete Einzelfälle *wirklicher* Erfahrung, während die Sätze der kosmologischen Metaphysik Fälle *scheinbarer* möglicher Erfahrung repräsentieren.

Doch auf ihrer anspruchsvollsten Stufe gelingt es dieser Theorie der Erfahrung zu zeigen, wie sich unmittelbare, aber ›critische‹ Gegenstücke zu den Sätzen der kosmologischen Metaphysik über die Welt-im-ganzen gewinnen und begründen lassen. Denn auch z.B. das von ihr zur Sprache gebrachte Kausalitäts-Prinzip thematisiert immer noch »[a]*lles, was geschieht*[278] (anhebt zu sein)«, und daß es »etwas [voraus][setzt], worauf es *nach einer Regel* folgt«[279] – also, wie es zumindest scheinen kann, das All der Welt-im-ganzen. Dennoch ist sie denkbar weit davon entfernt, damit eine Wahrheit über die Welt-im-ganzen zu behaupten, also eine Wahrheit, die eine Tatsache möglicher Erfahrung repräsentieren würde. Dieses Kausalitäts-Prinzip bildet vielmehr einen von acht spezifisch transzendentalen *Grundsätzen*, deren spezifisch transzendentaler Charakter erst dann voll und ganz ausgeprägt ist, wenn er durch das charakteristische transzendentale Präfix *Erfahrung ist nur dann möglich, wenn ...* den Gedanken zum Ausdruck bringt, daß jeder dieser *Grundsätze* eine spezifische notwendige Bedingung der Möglichkeit der Erfahrung zur Sprache bringt – im Fall des Kausalitäts-Prinzips also den Gedanken, daß *Erfahrung nur dann möglich ist, wenn alles, was geschieht (anhebt zu sein), etwas voraussetzt, worauf es nach einer Regel folgt* (s. o. S. 97–98).

Zwischen diesen ›critischen‹ *Grundsätzen* und den Sätzen der kosmologischen Metaphysik zeigt sich bei genauerem Hinsehen ein tiefgreifender Unterschied, der gleichwohl unter einem gemeinsamen Aspekt ans Licht gebracht werden kann. Denn, wie sich gezeigt hat (s. o. S. 98–99), gehört es zu den negativen Pointen der *Grundsätze*, musterhaft exemplifiziert am Leitfaden des ›critischen‹ Kausalitäts-Prinzips, daß es keinerlei Existenz-Behauptungen bzw. Existenz-Unterstellungen macht – weder über irgendein Geschehnis noch über irgend etwas, was von irgendeinem Geschehnis vorausgesetzt wird, worauf es nach einer Regel folgen würde. Es ist also weder ausdrücklich noch implizit ein *ontologisches* Prinzip. Doch ganz im Gegensatz zu dieser radikalen ontologischen Neutralität aller dieser *Grundsätze* – nicht nur des Kausalitäts-Prinzips – enthalten die Sätze der kosmologischen Metaphysik in der Form ihrer ›Falschheit der Voraussetzung‹ bzw. unerfüllten Präsupposition die ontologische Unterstellung einer der Erfahrung zugänglichen *Existenz* der Welt-im-ganzen. Sie gehören damit unter den »stolze[n] Namen einer Ontologie, welche sich anmaßt, von Dingen überhaupt synthetische Erkenntnisse a priori in einer systematischen Doktrin zu geben (z. E. den Grundsatz der Kausalität)«.[280] Dieser war die strikt *konditionalistische* und spezi-

---

[278] Hervorhebungen R. E.
[279] KrV, A 189, Hervorhebungen R. E.
[280] A 247, B 303.

fisch *possibilistische* Orientierung noch verschlossen, die Kant Schritt für Schritt, vom ›höchsten Punkt‹ bis zu den *Grundsätzen* befolgt – nach den *Bedingungen der Möglichkeit* der Erfahrung zu fragen. Das ›Experiment der Vernunft mit sich selbst‹ endet also da, wo es auf seinen komplizierten methodischen Wegen begonnen hat – beim ›Probierstein der Richtigkeit‹, den die Frage nach den Bedingungen der Möglichkeit der Erfahrung Schritt für Schritt in Gestalt der *Grundsätze* schließlich zu Tage gefördert hat.

4.3. Der ambivalente Weg zu den Königswegen der Metaphysik und zur praktischen Erfahrbarkeit des Guten und des irdischen Glücks

Das ›Experiment, das die Vernunft mit sich selbst anstellt‹, hat, ganz unbeschadet der Vernunft-Emphase, mit der Kant es kennzeichnet, den für seine ganze Philosophie charakteristischen *formalen* Charakter. Er gehört grundsätzlich zum methodologischen »formalism der reinen Vernunft«[281], den die logische und die transzendentale Reflexion und Analyse zu kultivieren suchen. Eine der Ausprägungen dieses ›Formalism‹ zeigt sich in der schon hervorgehobenen konditionalistischen und possibilistischen Orientierung seiner Theorie der Erfahrung – also in der Frage nach den *Bedingungen der Möglichkeit* der Erfahrung. Allerdings beschränkt sich diese Orientierung nicht auf diese Frage. Sie zeigt sich auch in vergleichsweise mikroskopischen Details wie dem schon geklärten Umstand, daß Kant mit Blick auf die Kausalität, wie sich schon gezeigt hat, eine besondere konditionale Struktur zur Sprache bringt: Bei ihr handelt es sich, wie es am klarsten die kategoriale *weil - - -, darum muß ...*-Urteilsform zum Ausdruck bringt, um das Verhältnis der hinreichenden ursächlichen *Bedingung,* zu der von ihr *bedingten* und, wenn sie erfüllt ist, notwendigerweise eintretenden Wirkung (s. o. S. 93 ff.). Das abstrakte konditionale Muster *Bedingung-Bedingtes* wird damit innerhalb der Theorie der Erfahrung am Leitfaden der Analyse des Kausal-Themas am plausibelsten fruchtbar gemacht. Doch dieses abstrakte konditionale Muster wird ebenso fruchtbar gemacht, um den ambivalenten Weg zu den Königswegen der Metaphysik zu eröffnen.

---

[281] Reflexionen zur Metaphysik, Ak. XVIII, R 4953, S. 40.

Die Ambivalenz dieses Wegs ergibt sich daraus, daß dieses konditionale Muster das Potential sowohl zu einer un-›critischen‹ Verführung wie zur Eröffnung der ›critischen‹ Königswege der Metaphysik bereithält. Der un-›critischen‹ Verführung gibt man nach,
wenn man sich vom konditionalen Muster, das die suffizienz-konditionale Struktur der kategorialen *weil - - -, darum muß ...*-Urteils-
form prägt, zu dem Versuch verleiten läßt, eine *unbedingte* ursäch-
liche Bedingung zu konzipieren. Es ist sogar das von Kant zur Sprache
gebrachte Kausalitäts-Prinzip *Alles, was geschieht (anhebt zu sein),*
setzt etwas voraus, worauf es nach einer Regel folgt, das diese Verführung plausibel machen kann. Denn dieses Prinzip macht auf eine
verführerische methodische Pointe der Ursachenforschung aufmerksam: Es zeigt, daß diese Forschung nur dann fruchtbar ist, wenn sie
mit ihrer Suche stets bei der Wahrnehmung von *etwas, was geschieht*
(anhebt zu sein), ansetzt und von hier aus nach etwas sucht, was
ebenfalls der Wahrnehmung zugänglich ist und worauf es nach einer
Regel folgt. Doch da das hinreichende Bedingungs-Etwas, nachdem
sie in der Wahrnehmung sucht, seinerseits zu ›allem, was geschieht‹,
gehört, ist es ebenfalls wieder ein Kandidat für die Suche nach einem
hinreichenden Bedingungs-Etwas, worauf es nach einer Regel folgt.
Diese offensichtliche *Fortsetzbarkeit* der Suche der Ursachen-For-
schung nach hinreichenden Bedingungs-Etwassen für jedes etwas,
das geschieht, hat überlieferte kosmologische Theorien zu unbedachten Versuchen verführt, die Existenz eines *unbedingten* bzw. *abso-*
luten ursächlichen Bedingungs-Etwas anzunehmen, also eines Bedingungs-Etwas, das nicht mehr auf ein anderes Bedingungs-Etwas
zurückgeführt werden kann. Vor allem auch die aristotelische Konzeption eines unbewegten Bewegers[282] und die nicht nur christliche
Schöpfungstheologie »eines obersten aller Wesen überhaupt«[283] zeh-
ren von dieser verführerischen formalen Möglichkeit.

Im Gegensatz zu diesen unbedachten Versuchen schaltet Kant
jedem Versuch, durch den »die Bedingung der Bedingung [...] gesucht«[284] wird, eine skeptische Frage vor. Diese Frage führt diese
Suche zwar auf das spezifische kognitive Vermögen namens Vernunft
zurück, aber diese Zurückführung verbindet jeden Ansatz zu einer

---

[282] Vgl. Kants Hinweis auf »einen *ersten Beweger*«, A 451, B 479, Kants Hervorhebungen.
[283] A 456, B 484.
[284] A 307, B 364.

solchen Suche auch sogleich mit einer spezifischen methodologischen Skepsis: »Kann man die Vernunft isolieren, und ist sie alsdann noch ein eigener Quell von Begriffen und Urteilen [...]?«.[285] Diese skeptische Frage verbindet er entsprechend vorsichtig nicht mit einer dogmatischen Antwort, sondern mit der vorläufigen *heuristischen* Funktionsbestimmung der Vernunft, dergemäß sie vor allem »in ihrem logischen Gebrauche [*sucht*]«,[286] und zwar danach, »zu dem bedingten Erkenntnisse des Verstandes das Unbedingte zu finden«.[287] Kant gibt damit zu Recht zu verstehen, daß es sich bei der *Bildung des Begriffs* des Unbedingten zwar um eine ganz und gar legitime formale Operation handelt, die den Begriff des Bedingten zum Ausgangspunkt nimmt, um durch Negation den *Begriff* der *nicht*bedingten, *un*bedingten Bedingung zu bilden. Dennoch ist auch im Rahmen der Suche nach einem Unbedingten Vorsicht geboten: »denn das Bedingte bezieht sich analytisch zwar auf irgendeine Bedingung, aber nicht aufs Unbedingte«.[288] Daher muß »Das Unbedingte aber, *wenn es denn wirklich statthat,* [...] *besonders erwogen werden,* nach allen den Bestimmungen, die es von jedem Bedingten unterscheiden«.[289]

Der Schritt in eine entsprechend nichterwogene, dogmatische Verabsolutierung des ursächlichen Bedingungsmoments der Kausal-Relation zu einer unbedingten Bedingung ist der ›critischen‹ Theorie der Erfahrung und insbesondere ihrer Kausal-Theorie verschlossen. Denn sie nimmt die Fähigkeit des Menschen in aller Strenge ernst, die »formale[n] Bedingungen der Sinnlichkeit«[290], vor allem die formalen Bedingungen der Zeitlichkeit – »Die Zeit [...] als formale Bedingung der Möglichkeit der Veränderung«[291] – zu berücksichtigen. Angesichts dieser Bedingung, sich zu jeder *Vorstellung* eines beliebigen Etwas$_{tm}$, das *irgendwann* t_m der Fall ist, ein *anderes* Etwas$_{tm+1}$ anschaulich *vorzustellen*, das *unmittelbar später* t_{m+1} als das Etwas$_{tm}$ der Fall ist, macht die Annahme widersprüchlich, das Etwas$_m$ sei unbedingt, also ohne frühere Bedingung, aber trotzdem spezifisch ursächlich der Fall. Denn was ursächlich der Fall ist, ist nicht nur *früher* als das Verursachte der Fall; es *muß* auch selbst *deswegen* der Fall

---

[285] A 305, B 362.
[286] A 307, B 364, Hervorhebung R. E.
[287] Ebd.
[288] A 308, B 364.
[289] A 308, B 365, Hervorhebungen R. E.
[290] A 248, B 305.
[291] A 453, B 481.

sein, *weil* etwas, was noch früher ist, die hinreichende Bedingung dafür ist, daß es selbst der Fall sein *muß*.

Erst im Rahmen der skeptischen und vorsichtigen *Suche* nach einem Unbedingten kommt daher das ›Experiment, das die Vernunft *mit sich selbst* anstellt‹, zu sich selbst. Doch gerade deswegen scheitert dieses Experiment an dem ›Probierstein der Richtigkeit‹, den die Theorie der Erfahrung bereithält. Denn an diesem Probierstein bewähren sich ausschließlich die ›bedingten Erkenntnisse des Verstandes‹, also die Erkenntnisse, deren Gelingen vom richtigen empirischen Gebrauch der Kategorien, z. B. der Kausal-Kategorie in Erfahrungsurteilen abhängt. Die Frage, ob die Vernunft im Rahmen ihrer Suche nach einem Unbedingten ›ein eigener Quell von Begriffen und Urteilen‹ sein kann – also von Urteilen über Unbedingtes –, muß angesichts dieses Probiersteins offen bleiben.

Dennoch hat Kant einen unmißverständlichen Hinweis gegeben, der die thematische Richtung anzeigt, in der der Suche der Vernunft nach einem Unbedingten Erfolg beschieden sein kann. Ausgerechnet im Rahmen des kausalitätsorientierten *Dritten Widerstreits* der kosmologischen Antinomie enthält die *Thesis* den entsprechenden positiven Hinweis. Denn sie gibt zu bedenken: »Es ist noch eine *Kausalität durch Freiheit* zur Erklärung derselben [d. h. der Erscheinungen der Welt insgesamt] anzunehmen notwendig«.[292] Weder diese positive Version noch die negative Version der *Antithesis* geht über einen abstrakten thematischen Hinweis auf eine ›Kausalität durch Freiheit‹ hinaus. Sie reichern ihre thematischen Hinweise lediglich durch erläuternde Bemerkungen wie die an, daß es sich bei dieser Freiheit um eine unbedingte, also »*absolute Spontaneität* der Ursachen«[293] handelt, um »ein Vermögen, einen Zustand, mithin auch eine Reihe von Folgen desselben, schlechthin anzufangen«.[294] Die ergänzende Erwägung »der absoluten Spontaneität der *Handlung*, als de[m] eigentlichen Grund der *Imputabilität* derselben«,[295] stellt zwar unmißverständlich das *praktische* Format dieser Freiheit klar. Doch im Horizont des ›Probiersteins der Richtigkeit‹, den die Theorie der Erfahrung für solche Hinweise, Erläuterungen und Erwägungen bildet, »[bleibt] es immer eine kühne Anmaßung […], außerhalb dem In-

---

[292] A 444, B 472.
[293] A 446, B 474, Kants Hervorhebungen.
[294] A 445, B 473.
[295] A 448, B 476.

begriffe aller möglichen [zeitlichen und räumlichen R. E.] Anschau-
ungen, noch einen Gegenstand anzunehmen, der in keiner möglichen
Wahrnehmung angegeben werden kann«.[296] Denn diese ›absolute‹
Spontaneität‹ *bedeutet* ja geradezu die *unbedingte* Spontaneität.

Das ›Experiment der Vernunft mit sich selbst‹ endet daher nicht
in einer selbstgenügsamen Folge des Scheiterns von Sätzen der überlieferten Metaphysik, die dem ›Probierstein der Richtigkeit‹ nicht ge-
wachsen sind, den die Theorie der Erfahrung zur Verfügung stellt.
Dieses Experiment findet, wie Kants intermittierende Hinweise, Erläuterungen und Ergänzungen unmißverständlich zu verstehen geben, bereits in einer weiter ausgreifenden skeptischen Obhut statt –
im Vorgriff auf ein Unbedingtes, das in einem in diesem Kontext noch
gänzlich ungeklärten Sinne ein praktisches Format hat, also für die
Möglichkeiten des menschlichen Handelns – und sogar »zum Glück
für die praktische Bestimmung des Menschen«[297] – ausschlaggebend
ist. Es ist dieser Vorgriff, der dem ›Experiment der Vernunft mit sich
selbst‹ den Charakter eines *ambivalenten* Wegs zu den Königswegen
der Metaphysik verleiht. Denn der eine Weg führt am Maßstab des
›Probiersteins der Richtigkeit‹ stets zurück zu den charakteristischen
Elementen der Theorie der Erfahrung. Der andere Weg, der dem Vorgriff auf das ›Glück für die praktische Bestimmung des Menschen‹
entspricht, eröffnet die Aussicht auf die noch nicht wirklich zu Ende
gegangenen ›critischen‹ Wege der Moral und der Rechtsphilosophie.
Doch trotz dieser ambivalenten Wege traut Kant dieser damals als
work in progress vorbereiteten *Metaphysik der Sitten* schon im Rahmen der Ersten Kritik zu, der Formel von den Bedingungen der Möglichkeit gerecht zu werden, die den Hauptpunkt der Theorie der Erfahrung prägt: Er traut ihr zu, den Typ der Bedingungen zu klären,
die sogar »die Erfahrung selbst (*des Guten*) allererst möglich machen«,[298] also die Erfahrung dessen, was in jeder Praxis von jedem
Handelnden jederzeit zumindest intendiert wird.

Die Zuversicht dieses Zutrauens erfährt zwar auf dem Weg über
die *Grundlegung zur Metaphysik der Sitten* (1785), die *Kritik der
praktischen Vernunft* (1787), die *Metaphysik der Sitten* (1795) und
den *Streit der Fakultäten* (1798) – aber auch über die entsprechend
thematischen Aufsätze, Vorlesungen und die unaufhörlichen Refle-

---

[296] A 451, B 479.
[297] A 464, B 492.
[298] A 318, B 375, Hervorhebung R. E.

xionen – unaufhörlich mehr oder weniger tiefgreifende Revisionen. Am bedeutendsten unter diesen Revisionen ist die Verwerfung des Gedankens von so etwas wie der Möglichkeit einer *unmittelbaren* ›Erfahrung des Guten‹. An seine Stelle tritt schließlich der zuversichtliche Gedanke eines allmählichen rechtlichen und rechtspolitischen »Fortschritt […] zum Besseren«[299] des Menschengeschlechts. Das Menschengeschlecht ist zwar das *kollektive* Subjekt, das dieses Fortschritts *teilhaftig* wird. Doch nur jeder einzelne Mensch ist das *individuelle* Subjekt, das durch »Vermehrung der Produkte [seiner, R. E.] Legalität«[300] zu diesem Fortschritt *aktiv beiträgt*. Daher bringt Kant schon drei Jahre zuvor in der *Einleitung in die Rechtslehre* der *Metaphysik der Sitten* (1795) »Das allgemeine Kriterium, woran man überhaupt Recht sowohl als Unrecht (*iustum et iniustum*) erkennen könne«,[301] zur Sprache. Denn nur im Licht dieses Kriteriums kann jeder individuelle Mensch erkennen, also treffend beurteilen, wie er handeln muß, um dem Fortschritt zum Besseren des Menschengeschlechts dienen zu können. Nur wenn alle diese Voraussetzungen erfüllt sind, kann auch von »den guten *Taten* der Menschen« die Rede sein, »die immer zahlreicher und besser ausfallen werden«.[302] Doch diese aus rechtlichen Gründen guten Taten werden »in den *Phänomenen* der sittlichen Beschaffenheit des Menschengeschlechts«[303] erfahrbar, also in den raumzeitlich erscheinenden Handlungsweisen der Menschen. Diese Zusammenhänge hat Kant erst im Licht des Kriteriums von Recht und Unrecht durchschaut und zugunsten der Einsicht in die Bedingungen der Möglichkeit der Erfahrung des Guten fruchtbar gemacht.

Epilog

Auf dem langen ›critischen‹ Weg von den ersten Schritten am Anfang des ›schweigenden Jahrzehnts‹ um 1770 zur ersten und zur zweiten Auflage der Ersten Kritik (1781, 1787) sowie zur Zweiten und Dritten Kritik (1787 bzw. 1791) und schließlich bis zum *Streit der Fakultäten*

---

[299] Der Streit der Fakultäten, Ak. VII, S. 86; vgl. auch S. 88.
[300] S. 91.
[301] Metaphysik der Sitten, Ak. VI, S. 229.
[302] Streit der Fakultäten, Ak. VII, S. 91.
[303] Ebd.

(1798) hat Kant die Initialzündung unablässig weitergetragen, die 1763 von der Rousseau-inspirierten Frage ausgegangen war, ›was das für eine geheime Kraft sei, durch die das Urteilen möglich wird‹ (s. o. S. 51–53). Auf der Linie dieser Initialzündung formuliert er in den *Prolegomena* nicht nur das Arbeitsprogramm, das Urteilen in allen relevanten Formen zu analysieren, weil es die ›Verstandeshandlung ist, die alle übrigen enthält‹.[304] In der Tradition von Daniel Defoes fulminanter Satire über die Projektemacherei[305] weiß Kant nur zu gut, daß »*Pläne machen* […] mehrmalen eine üppige, prahlerische Geistesbeschäftigung [ist], dadurch man sich ein Ansehen von schöpferischem Genie gibt, indem man fordert, was man selbst nicht leisten, tadelt, was man doch nicht besser machen kann, und vorschlägt, wovon man selbst nicht weiß, wo es zu finden ist«.[306] Dieser Verfallsform allen Planens setzt Kant während seiner mehr als drei Jahrzehnte währenden urteils-analytischen Arbeit ein einzigartig fruchtbares Paradigma entgegen. Am Ende seines ›critischen‹ Wegs kann er dessen nahezu hyper-komplexe Schrittfolge mit um so größerer Berechtigung in der denkbar einfachsten Bilanz zusammenfassen und zwei bzw. drei verschiedene Urteilstypen unterscheiden: *Erkenntnisurteile* und *reine Geschmacksurteile* bzw. *theoretische* und *praktische* Erkenntnisurteile.[307] Gemeinsam ist ihnen trotz aller tiefen inhaltlichen Unterschiede die strukturelle Eigenschaft, *wahrheitsfähig* zu sein. Zwar haben sie radikal verschiedene Wahrheitsbedingungen und genügen entsprechend verschiedenen Wahrheitskriterien. Doch die anthropologische Tragweite ihres gemeinsamen Ursprungs in der alle Urteilstypen durchdringenden seelischen Spontaneität des Menschen (s. o. Abschn. 3.2.2.–3.2.3.) und ihre gleichwohl gemeinsame Wahrheitsfähigkeit reicht bis in die Antwort auf Kants Frage »Was ist der Mensch?«:[308] Er ist das Lebewesen, das für die spontane Bildung wahrheitsfähiger Urteile begünstigt ist.

---

[304] Vgl. Prolegomena, Ak. IV, S. 323.
[305] Daniel Defoe, An Essay upon Projects, London 1697.
[306] Prolegomena, Ak. IV, S. 262–63, Kants Hervorhebungen.
[307] Vgl. Kritik der Urteilskraft, Ak. V, S. 209 f.
[308] Logik, Ak. IX, S. 25.

II. Selbstverständlichkeiten diesseits und jenseits der Grenze zur Philosophie

1. Kants Weg in die Theorie und die Analyse der Urteile

Mit der Kritik der reinen Vernunft unternimmt es Kant, auf einen Punkt aufmerksam zu machen, von dem aus es möglich ist, das Ganze der menschlichen Angelegenheiten in seinen wichtigsten Grundzügen nicht nur zu überblicken, sondern sogar zu durchschauen. Seit Platon einen solchen höchsten Punkt nach Jahrzehnten der Arbeit in der Idee des Guten gefunden hatte, hat die Suche der Philosophie nach einem solchen Punkt bis heute nicht aufgehört, ihre Arbeit in Atem zu halten. Mit Kants Weg zu dem von ihm schließlich gefundenen höchsten Punkt enden zu seiner Zeit vorläufig die entsprechenden philosophischen Wege, die während der Jahrhunderte seit Platon mit diesem Ziel erprobt worden waren. Es liegt auf der Hand daß sowohl für Kant wie für jeden anderen Nachfolger von Platons Philosophieren eine doppelte Last ständig wachsen mußte. Denn von seinen jeweiligen Vorgängern sucht jeder Nachfolger einerseits so viel Lernenswertes wie möglich zu lernen; andererseits sucht jeder gleichzeitig so viel Mangelhaftes wie möglich mit möglichst verbesserten methodischen Einstellungen zu klären und zugunsten von entsprechend überlegenen Einsichten zu überwinden. Kants Weg in die Philosophie und das erste Jahrzehnt seiner professionellen Arbeit innerhalb ihrer spielten sich noch im Licht des Zentralgestirns ab, das in Deutschland bis in die zweite Hälfte des 18. Jahrhunderts Christian Wolff mit seiner Arbeit an einem solchen System gebildet hat. Dennoch ist der philosophische Entwurf, dessen innere Schrittfolge Kant in seiner Ersten Kritik präsentiert – außer durch einige wenige Spuren der Wolffschen Schultradition – weit davon entfernt, so etwas wie ein System in dieser Tradition zu sein. Zwar hat Kant sogar noch auf dem Weg von der ersten zur zweiten Auflage der Ersten Kritik nach dem von ihm schließlich gefundenen und so apostrophierten höchsten Punkt der Philosophie gesucht. Doch bei diesem höchsten Punkt handelt es sich um alles andere als um einen Satz, von dem aus die Philosophie in stets mißlungener Imitation des falschen Vorbilds von Euklids genialem System der Geometrie andere Sätze in logisch kontrollierbaren Formen ableiten könnte. Dieser höchste Punkt charakterisiert unter dem terminologischen Namen der reinen und ursprünglichen Apperzeption sowie durch das Mikro-, Pseudo- bzw. Quasi-Urteil *Ich denke* vielmehr den elementarsten kognitiven Akt, dessen der Mensch fähig ist. Kraft seiner – und nur kraft seiner – kann er die charakteristischen kognitiven Leistungen vollziehen, deren er als Mensch, also auch im Gegensatz zu den Tieren fähig ist – Urteile sowohl der einfachsten wie der komplexesten grammatischlogischen Formen zu bilden und mit Ansprüchen auf Wahrheit zu verbinden. Nicht umsonst gilt mit Blick auf diesen höchsten bzw. tiefsten kognitiven, apperzeptiven Akt des Denkens: »Wir können nur durch Urteile denken«.[1] Es ist daher fast schon trivial, daß kraft dieser Fähigkeit, nur denkend zu urteilen, der Name der Urteilskraft zu einem systematischen Schlüsselwort aller drei von Kant schließlich erarbeiteten Kritiken geworden ist: *Transzendentale Doktrin der Urteilskraft*, *Typik der Urteilskraft* und schließlich *Kritik der Urteilskraft*.

Doch jedes Urteil setzt etwas voraus, was Kant zwar nicht als erster und auch nicht als letzter eingesehen hat. Wohl aber hat er als erster eingesehen, daß in dieser Voraussetzung der springende Punkt enthalten ist, von dem aus es möglich ist, das Ganze der menschlichen Angelegenheit in ihrer menschlichen Spezifität und Komplexität nicht nur zu überblicken, sondern sogar zu durchschauen. Denn der von ihm identifizierte und so apostrophierte höchste Punkt der Philosophie markiert gleichzeitig den am tiefsten verborgenen Punkt unter den für den Menschen und nur für ihn charakteristischen Fähigkeiten – die Fähigkeit, die andernfalls zerstreut bleibenden Elemente seiner tumultuarischen Gemütsbewegungen – das »Gewühle von Erscheinungen«[2] – zugunsten jeweils Einer grammatisch-logisch einfachen bzw. komplexen Form eines wahrheitsfähigen Urteils zu verflechten. Ohne diese spezifisch grammatisch-logische Fähigkeit der Urteilsbildung und deren fast unablässige Ausübung würde sich der Mensch in einem unablässigen Affektsturm seiner tumultuarischen

---

[1] R 5650, S. 300.
[2] A 111.

Gemütsbewegungen verlieren und eine menschliche und personale Einheit seiner selbst und seines Lebens niemals gewinnen können.

Das seit der klassischen griechischen Philosophie – und auch bei Platon – kontroverse Verhältnis von Vielem und Einem wird durch die Erste Kritik daher zum ersten Mal ganz neu in einem im Grunde uralten Spannungsfeld der menschlichen Existenz verortet. In ihm übt der Mensch seit unvordenklicher Zeit die nur ihm eigentümliche Spontaneität aus – sich aus der wildwüchsigen Zerstreuung in die vielen andernfalls unbewußt bleibenden Elemente seiner tumultuarischen Gemütsbewegungen immer wieder von neuem in den vielfältigsten Formen der Urteilsbildung spontan, also von selbst bzw. selbst, also authentisch zu befreien und jeweils Eine urteilsförmige Verbindung solcher Elemente zu stiften. Das von Kant an dem von ihm gefundenen höchsten Punkt thematisierte Selbst-Bewußtsein ist daher auch gar nichts anderes als das Bewußtsein jedes einzelnen Menschen, seine Urteilsakte sowohl der einfachsten wie der komplexesten grammatisch-logischen Formen von selbst, also spontan bzw. selbst, also authentisch zu vollziehen. Mit nur allzu gutem Grund thematisiert Kant daher im Ausgang vom höchsten Punkt der Transzendentalphilosophie und zugleich vom tiefsten Punkt seiner Urteilsanalysen »das denkende Ich [...] die Seele«[3] und bleibt dabei, daß das »Ich, als denkend, [...] Seele [heiße]«.[4] Seine ursprüngliche, durch Rousseaus *Émile* angeregte Frage, »was denn das für eine Kraft sei, durch die das Urteilen möglich wird«,[5] wird insofern durch eine revolutionäre Einsicht beantwortet: Diese Kraft ist die Spontaneität, mit der die Menschen – und nur die Menschen – vermöge ihrer denkenden Seele immer wieder von neuem Elemente aus dem ›Gewühle der Erscheinungen‹ ihres Gemüts zugunsten von mehr oder weniger komplexen logischen Formen wahrheitsfähiger Urteile verbinden. Der Mensch – und nur der Mensch – ist das Lebewesen, das durch diese logische Spontaneität seiner Seele für wahrheitsfähige Urteile begünstigt ist.

---

[3] KrV, A 361.
[4] A 342, B 400; vgl. hierzu im Zusammenhang Erster Essay, Abschn. 3.2.–3.2.3.
[5] Spitzfindigkeit, Ak. II, S. 60; vgl. Erster Essay, Abschn. 3.1.

2. Wie die Philosophie zur Theorie des Selbstverständlichen wird

Die *Kritik der reinen Vernunft* dokumentiert in ihrem konstruktiven Teil Kants metaphysische Philosophie der Erfahrung. Sie bildet das Zentrum seiner Analysen speziell von theoretischen Urteilen. Sie steht zu Recht in dem Ruf, dem Verständnis besonders große Schwierigkeiten zu bereiten. Doch die Theorien, an denen die klassischen, also die fruchtbaren Philosophen arbeiten oder gearbeitet haben, teilen dieses Schicksal von Anfang an – also von Platon bis zu Wittgenstein und Heidegger, und zwar ganz gleichgültig, ob sie sich wie Kant als Metaphysiker oder als Nicht-Metaphysiker oder als Anti-Metaphysiker verstanden haben oder ob ihnen wie z. B. Platon diese Alternative noch gar nicht zur Verfügung stand.

Die Themen, die Philosophen behandeln, gehen jedenfalls aus Fragen hervor, durch die sie schon mit den ersten einfachen Schritten in unscheinbarer und doch radikaler Weise über alles und jedes hinausgehen, was uns aus dem Alltagsleben – und auch aus dem wissenschaftlichen Alltag – vertraut ist. Durch eine ingeniöse Formel aus der Generation meiner Lehrer hat der Philosoph Günther Patzig diesen unscheinbaren, aber radikalen Schritt in überaus trefflicher Weise zur Sprache gebracht: »Philosophie ist die Reflexion auf die Bedingungen der Möglichkeit genau dessen, was in jeder anderen als der philosophischen Einstellung für selbstverständlich gehalten wird«,[6] oder kurz und bündig, wie es sein damaliger Hamburger Kollege Wolfgang Wieland im selben Jahr 1964 formuliert hat: »Die Philosophie ist die Theorie des Selbstverständlichen«.[7]

Vor allem die Sprache, mit der wir in jeder anderen als der philosophischen Einstellung die Inhalte einer Selbstverständlichkeit formulieren, muß ersichtlich anderen Regeln folgen als die Sprache, in der wir über die Bedingungen der Möglichkeit einer solchen Selbstverständlichkeit sprechen: *Die Bedingungen der Möglichkeit* solcher Selbstverständlichkeiten gehören ja nur allzu offensichtlich einer ganz anderen Reflexionsstufe an als die *Inhalte* solcher Selbstver-

---

[6] Günter Patzig, Vorwort, in: Gottlob Frege, Funktion, Begriff, Bedeutung. Fünf logische Studien (Herausgegeben und eingeleitet von Günther Patzig) (¹1964), Göttingen ²1966, S. 315, hier: S. 14.

[7] Wolfgang Wieland, Wissenschaft und Ethik. Der philosophische Aspekt, in: Das Parlament. Beilage: Aus Politik und Zeitgeschichte 1964, S. 11–26, hier: S. 11.

ständlichkeiten. Allerdings liegt auch die berechtigte skeptische Frage nahe, ob denn jede beliebige Selbstverständlichkeit, die wir noch vor jeder philosophischen Reflexion hegen, einer solchen Reflexion auf die Bedingungen ihrer Möglichkeit bedarf.

In der Geschichte der Philosophie ist Kant jedenfalls der erste, der diesen charakteristischen Schritt der philosophischen Reflexion ausdrücklich zur Sprache bringt, indem er mit Hilfe der Formel von den Bedingungen der Möglichkeit ausdrücklich nach den Bedingungen der Möglichkeit der Erfahrung fragt. Allerdings können wir auch im Alltagsleben ebenso wie in der wissenschaftlichen Arbeit mit der doch recht verwandt klingenden Frageform *Wie ist es möglich, daß ...?* in einem wohlbestimmbaren Sinn nach Bedingungen der Möglichkeit fragen. Denn wir können z. B. fragen, wie es möglich ist, daß Menschen anfangen, trotz großer Lebensgefahr in wachsender Zahl aus Afrika über das Mittelmeer nach Europa zu flüchten; oder wie es möglich ist, daß Uranatome 1939 durch Beschuß mit hinreichend langsamen Neutronen gespalten werden, obwohl sie bis dahin für unteilbar gehalten worden sind und nach wie vor ihren alten, inzwischen sinnwidrigen Namen tragen; oder wie es möglich ist, daß im Horizont der an sich so friedliebenden und menschenfreundlichen christlichen Religion bis heute Judaphobie mehr oder weniger verbreitet ist. Doch in allen solchen Fällen besteht der methodische Sinn dieser Frageform darin, daß man sich nach einer innerweltlichen, also empirischen Tatsache erkundigt, die mit Hilfe einer geeigneten (allgemeinen) empirischen Regel in hypothetischer Form aus einer anderen innerweltlichen, ebenso empirischen Tatsache befriedigend genug erklärt werden kann – also einer hypothetischen empirischen Erklärung zugänglich ist.

Sowohl in unserem Alltagsleben wie in der täglichen Arbeit der empirischen Wissenschaften haben wir es unablässig mehr oder weniger stillschweigend mit der Bildung und dem Gebrauch solcher mehr oder weniger rudimentären empirischen Erklärungen zu tun, also mit hypothetischen *wenn - - -, dann ...*-Antworten auf Formen der Frage *Wie es möglich ist, daß ...?*. Ohne die mehr oder weniger stillschweigenden Fertigkeiten für die Bildung und den mehr oder weniger erfolgsträchtigen Gebrauch solcher empirischen Hypothesen hätten die Menschen ihr Alltagsleben nicht von Anbeginn an mit dem einigermaßen leidlichen Maß an Sicherheit bestehen können, wie es zumindest die bisherige Geschichte zeigt. Doch gerade diese stetig gewachsenen Fertigkeiten für die Bildung und den Gebrauch der entsprechenden empirischen Frage- und Antwortformen machen es nötig, den radikalen Unterschied zur Form der Frage zu klären, mit der sich Philosophen an den Bedingungen der Möglichkeit dessen orientieren, was in jeder anderen als der philosophischen Einstellung für selbstverständlich gehalten wird.

3. Wie Kants Theorie der Erfahrung Selbstverständlichkeiten hinterfragt

Man kann den Schritt, mit dem Kant die Theorie der Erfahrung im Licht dieser Frage-Form radikal über das hinausführt, was in jeder anderen als der philosophischen Einstellung mit Selbstverständlichkeit für Erfahrung gehalten wird, besonders gut erhellen. Denn er hat hier in den markantesten Formen zu verstehen gegeben, daß er im Licht dieser Theorie in einem radikal anderen Sinn von Erfahrung spricht, als wir es seit unüberschaubar langen Zeiten in den verschiedensten Sprachen des Alltags und der empirischen Forschung tun. Denn anders als wir es hier tun, orientiert sich Kant an »dem absoluten Ganzen aller möglichen Erfahrung«[8]. Stattdessen haben wir es diesseits der philosophischen Reflexion und Analyse stets mit vielen konkreten einzelnen Erfahrungen zu tun, wie wir sie aus einzelnen Wahrnehmungen und Beobachtungen – auch durch experimentell herbeigeführte Beobachtungen – empirisch gewinnen und mit Hilfe von erklärenden *wenn - - -, dann ...*-Regeln hypothetisch verknüpfen und verallgemeinern können. Kant erläutert seine Thematisierung des ›absoluten Ganzen aller möglichen Erfahrung‹ daher auch sogleich durch die Bemerkung, daß es »aber selbst keine Erfahrung [ist]«[9] – uns also nicht durch irgendeine einzelne Erfahrung zugänglich werden kann, also dazu verurteilt zu sein scheint, ein Art von *blackbox* zu bleiben. Der radikale Sinn- und Bedeutungswandel, den das Wort *Erfahrung* im Licht von Kants Theorie durchmacht, läßt sich in einer ersten Näherung insofern am prägnantesten dadurch beleuchten, daß es alles andere als *Empirie* bedeutet, also alles andere als das, was in jeder anderen als der philosophischen Einstellung von Kants Theorie mit Selbstverständlichkeit für Erfahrung gehalten wird. Kant wird daher in den Notizen seines *opus postum* nicht müde,

---

[8] Kant, Prolegomena, Ak. IV, S. 328.
[9] Ebd.

den radikalen Unterschied zwischen Empirie und der von ihm analysierten Erfahrung zu betonen.

Es ist daher nur allzu konsequent, daß Kant angesichts der radikalen Bedeutungsverschiebung, die das Wort *Erfahrung* im Licht seiner Theorie durchmacht, nach den Bedingungen der Möglichkeit fragt, die die Menschen haben, sich immer wieder von neuem wenigstens einen »Teil von der ganzen Sphäre«[10] dieses absoluten Ganzen aller möglichen Erfahrung zu eigen zu machen – also gleichsam Schritt für Schritt Licht in diese scheinbare *blackbox* zu bringen. Denn da dieses absolute Ganze ›selbst keine Erfahrung ist‹, wird gerade diese Möglichkeit, an ihm wenigstens schrittweise und immer wieder von neuem in einer authentischen erfahrungsförmigen Form, also auch aus eigener Kraft teilzuhaben, zu einem Teil des Rätsels, das die Frage nach den Bedingungen dieser Möglichkeit zu klären sucht. Doch mit der Bedeutungsverschiebung, die das Wort *Erfahrung* im Licht von Kants Theorie durchmacht, geraten auch andere in ihrem Text gebrauchte Worte trotz ihrer Herkunft aus der Alltags-, der Bildungs- oder der Wissenschaftssprache seiner Zeit mehr oder weniger in den Bannkreis dieser zentralen Bedeutungsverschiebung. Denn man muß zumindest mit der Möglichkeit rechnen, daß man solche Worte bei der Formulierung von Sätzen über die *Bedingungen der Möglichkeit* der Erfahrung nicht mehr randscharf mit genau derselben Bedeutung verwenden kann wie innerhalb des Horizont der Erfahrung selbst, nach deren Möglichkeitsbedingungen hier gleichsam von außen überhaupt zum ersten Mal gefragt wird.

Kant selbst ist sich über die gravierende Bedeutungsverschiebung erst nachträglich und nur schrittweise klar geworden, die das Wort *Erfahrung* im Licht seiner Theorie durchmacht. Denn die seit urgeschichtlichen Zeiten unablässig wachsende Erfahrung des Menschen zeigt im Licht dieser Theorie eine so paradoxe Struktur, daß er sie im Abstand von mehr als eineinhalb Jahrzehnten unter einem zweiten Aspekt zweimal im selben Sinne formuliert: »Man soll niemals sagen: das lehrt die Erfahrung«[11] oder auch »das lerne ich [...] durch Erfahrung«,[12] »sondern das ist erforderlich zur Möglichkeit der Erfahrung«.[13]

---

[10] Ebd.
[11] Op. post., Ak. XXII, 92*.
[12] Prolegomena, Ak. IV, S. 305*.
[13] Op. post., Ak. XXII, S. 92.

Analoge Situationen von Bedeutungsverschiebungen ergeben sich auch in der Sprache des Alltags, der höheren Bildung bzw. der Wissenschaft. Nachdem z. B. der Wasserhahn erfunden worden war, konnte man das Wort *Hahn* nicht mehr in demselben eindeutigen Sinn verwenden wie in der Zeit, als es ausschließlich zur Benennung eines männlichen Federviehs verwendet werden konnte; nachdem andererseits z. B. mathematisch arbeitende Nachrichteningenieure im Zweiten Weltkrieg in den USA eine möglichst unaufwendige Darstellung und Übermittlung von Informationen durch die Ziffern »0«und »1« entwickelt hatten, konnte das Wort *Information* endgültig nicht mehr in demselben Sinne gebraucht werden, in dem es z. B. noch Lessing gebraucht hat. Denn er hörte das lateinische Stammwort *informare* mit und konnte das Wort *Information* im Sinne von *Jemand-in-Form-bringen*, *Erziehen* und *Bilden* gebrauchen; und nachdem z. B. die beiden Chemiker Otto Hahn und Fritz Straßmann im Dezember 1938 im Rahmen ihres berühmten Indikator-Versuchs mit Hilfe hinreichend langsamer Neutronen nachweislich ein Uran-Atom gespalten hatten, konnte das Wort *Atom* nicht mehr im wörtlichen Sinne seines griechischen Stammworts zur Bezeichnung von etwas Unteilbarem verwendet werden.

4. Zwei klassische philosophische Beispiele für Bedeutungsverschiebungen von alltäglichen Selbstverständlichkeiten

Das älteste und in gewisser Weise sogar ursprüngliche philosophiegeschichtliche Beispiel für eine radikale Bedeutungsverschiebung, wie sie sich aus einer Frage der Philosophie nach den Bedingungen der Möglichkeit dessen ergibt, was in jeder anderen als der philosophischen Einstellung für selbstverständlich gehalten wird, zeigt sich in einem der frühesten Dialoge Platons – in seinem Dialog *Euthyphron*, der wohl kurz vor 390 v. Chr. verfaßt worden ist. Es geht in diesem Dialog um die Frage, was es bedeutet, fromm zu sein (ὅσιόν), also auch: religiös zu sein. Für einen Leser der christlichen Tradition ist es zunächst verblüffend, daß das Frommsein sowohl für Sokrates wie seinen Gesprächspartner Euthyphron von Anfang an mit Selbstverständlichkeit als eine Eigenschaft primär von Handlungsweisen und nicht primär als Eigenschaft von seelischen Einstellungen von Personen aufgefaßt wird. Doch den springenden Punkt, durch den diese Selbstverständlichkeit durch die Frage nach den Bedingungen

123

ihrer Möglichkeit übersprungen wird, ergibt sich aus einer Fehlleistung Euythphrons, wie sie gerade in den frühen Dialogen Platons immer wieder in Szene gesetzt wird: Auf Sokrates' Frage, was fromm ist, also: inwiefern eine Handlungsweise fromm ist, antwortet Euthyphron unbeirrbar und unbelehrbar bis zum Ende des Dialogs mit einzelnen Beispielen für Handlungsweisen, die er für fromm hält – vor allem schließlich das Beten und das Opfern.[14] Doch Sokrates gibt ihm schon recht früh im Dialog unmißverständlich zu verstehen, welche Art von Antwort die beste ist: Fromm ist, was in allen Handlungen selbst mit sich selbst dasselbe ist; und dieses in allen Handlungen Eine und Selbe charakterisiert Platon hier zum ersten Mal direkt als Idee (ἰδέα).[15] Von ihm sagt er in einer halbmetaphorischen Sprechweise: Wenn wir auf dieses eine und selbe Eidos blicken, dann können wir bei jeder Handlung beurteilen, ob sie fromm ist oder nicht.[16] Damit gibt Platon zu verstehen, daß die Orientierung an diesem Eidos die charakteristische *kognitive* Bedingung der Möglichkeit dessen ist, was in jeder anderen als der philosophischen Einstellung mit Selbstverständlichkeit für fromm bzw. religiös gehalten wird. Durch die bis zum Ende des Dialogs von Platon inszenierte gänzliche Verständnislosigkeit Euthyphrons für diese Bedingung macht er darauf aufmerksam, daß die an diese kognitive Eidos-Bedingung gebundene Bedeutung des Wortes *fromm* radikal verschieden ist von seiner Bedeutung in der Alltagssprache der Religion seiner Zeit – und gewiß auch unserer Zeit.

Eine andere ebenfalls klassische Situation einer solchen radikalen Bedeutungsverschiebung ergab sich, als Aristoteles das Wort κατηγορία (katēgoria) in seine Theorie des Grenzgebiets zwischen Logik, Sprachphilosophie und Ontologie einführte. Denn damit stilisierte er das aus der Gerichtssprache stammende Wort mit einer radikalen Bedeutungsverschiebung zu einem spezifischen Terminus dieser Theorie, obwohl das ursprüngliche Wort die Anklage gegen eine Person vor Gericht bedeutete. Er macht damit darauf aufmerksam, daß eine κατηγορία – mit einer gewissen Bedeutungsverschärfung – gleichsam die Verurteilung einer Sache – eines πρᾶγμα – zugunsten einer bestimmten ontischen Rolle bedeutet: z. B. zu der Rolle, für die Datierung des Wann seines Seins oder für die Lokalisierung des

---

[14] Vgl. Euthyphr. 13a 11–b 7.
[15] Vgl. 5d 15.
[16] Vgl. 6d 10–13.

Wo seines Seins oder für die Teilhaberschaft seines Seins an der Beziehung auf ein anderes πρᾶγμα in Frage zu kommen. Doch die wichtigste Pointe dieser Kategorien-Konzeption besteht darin, daß die Quasi-Verurteilung zu der ontische Rolle, die ein πρᾶγμα innehat, gleichsam durch die logischen Rollen erfolgt, die durch die simple sog. Kopula *ist* (ἐστιν) in Sätzen erfolgt, mit denen wir auf πράγματα Bezug nehmen.

5. Das paradoxe Rätsel hinter den Selbstverständlichkeiten der Erfahrung

Doch so wenig die Sprachen des Alltags, der höheren Bildung oder der Wissenschaft durch solche Bedeutungsverschiebungen zu Fremdsprachen werden, so wenig werden Sprachen philosophischer Theorien zu Fremdsprachen nur deswegen, weil die sie leitenden Fragestellungen zu mehr oder weniger radikalen Verschiebungen der Bedeutungen führen, die in allen anderen als der philosophischen Einstellung mit Selbstverständlichkeit mit gleichklingenden Worten – ihren sog. homophonen Zwillingen – verbunden werden. Wie in den analogen Beispielen der Sprachen des Alltags, der höheren Bildung oder der Wissenschaft gehört es indessen zu den Aufgaben des Autors einer philosophischen Theorie, die Leser von deren Texten schrittweise mit den Überlegungen vertraut zu machen, die sie von der sachlichen Möglichkeit, Zweckmäßigkeit oder sogar Notwendigkeit überzeugen können, aus den Bedeutungsverschiebungen zu lernen, die die Theorie ihrem vertrauten Wortgebrauch ansinnt. In diesem Sinne ist es Kants Aufgabe, seinen Lesern verständlich zu machen, welche Art von Tätigkeit denn nun genau und konkret, wie er schreibt, ›erforderlich ist für die Möglichkeit der Erfahrung‹.

Es zeugt mit Blick auf die unübersehbare gravierende Bedeutungsverschiebung des Wortes *Erfahrung* in Kants Theorie, aber auch von einem unübertrefflich guten hermeneutischen und systematischen Gespür, was der erste bedeutende Autor aus der inzwischen fast einhundertfünfzig Jahre währenden Kant-Forschung über die *Kritik der reinen Vernunft* sagt. In seinem Buch *Kants Theorie der Erfahrung* von 1871 schreibt Hermann Cohen sogleich in der Einleitung, daß sie der Philosophie »die Erfahrung als ein Rätsel aufgebe«.[17]

---

[17] Cohen, Erfahrung, S. 11–12.

Doch damit wird eine Frage der methodischen Schrittfolge einer philosophischen Theorie angeschnitten, die weit über die Regeln für die terminologischen Gebrauchsbedeutungen ihrer Worte und Wendungen hinausreicht. Denn die Theorie, die ein Philosoph in einem von ihm publizierten Text darstellt, ist *als Theorie* in der Regel an eine methodische Schrittfolge gebunden, die sogar für ihren Autor selbst viel schwerer durchsichtig ist als die literarische Darstellung, in der er sie zum ersten Mal buchtechnisch präsentiert. Die beste literarische Darstellung einer philosophischen Theorie hängt in der Regel in erheblichem Maß auch von mancherlei wechselnden Arbeitserfahrungen ab, die ihr Autor erst im Rückblick auf ihre erste konzentrierte und publizierte literarische Darstellung durchschauen und im Rahmen einer erneuerten Darstellung fruchtbar machen kann. Bei alledem ist es selbstverständlich fraglich, ob es so etwas wie ›die beste‹ literarische Darstellung einer philosophischen Theorie überhaupt jemals geben kann. Allerdings wollen Autoren von philosophischen Texten von ihren Lesern im Medium ihrer Texte nun einmal nicht nur verstanden werden. Sie möchten auch, daß ihre Leser aus den Erörterungen der in ihnen behandelten Themen etwas lernen können, was sie so im Medium keines anderen Texts lernen können. Doch ob man aus dem Studium einer philosophischen Theorie etwas lernen kann oder nicht, setzt voraus, daß man sie auch mit Blick auf den Grad ihrer Wahrheitsfähigkeit beurteilen kann. Denn aus etwas, was nicht wahrheitsfähig ist, kann man auch nichts lernen – außer, wie man es vielleicht besser machen kann. Um so wichtiger wird es für die Beurteilung dieser Wahrheitsfähigkeit, daß der Autor die Bedingungen, von denen diese Wahrheitsfähigkeit abhängt, auch literarisch so darstellt, daß ihre Relevanzgrade für die intendierte Wahrheit vom Leser so zuverlässig wie möglich eingeschätzt werden können. Interpretationen klassischer Texte, die an der in ihnen verhandelten Sache interessiert sind, orientieren sich daher vor allem an der Aufgabe, diese Bedingungen und ihre Relevanzgrade zu klären.

Das Verstehen des *Textes* einer philosophischen Theorie verlangt daher von dessen Lesern ganz andere methodische Mittel als die Beurteilung dieser *Theorie* sie von den Lesern verlangt, die auch und vor allem am Grad ihrer Wahrheitsfähigkeit und vielleicht sogar an ihrem Lernpotential interessiert sind. Diese Diskrepanz zwischen der methodischen Schrittfolge einer philosophischen Theorie und dem Text, der sie literarisch darstellt, bildet eine der wichtigsten Quellen der Schwierigkeiten, die insbesondere auch die umfangreichen Texte der philosophischen Klassiker ihrem Studium entgegensetzen. Denn es kann sein, daß eine Einsicht, die einem Autor einer philosophischen Theorie zur Klarheit über eine gravierende Bedeutungsverschiebung eines Worts seiner Theorie verhilft, erst aus einer relativ späten, nachträglichen Arbeitserfahrung hervorgegangen ist, obwohl dasselbe Wort in der Alltagssprache, der höheren Bildungssprache oder der Wissenschaftssprache seit langem eingebürgert ist.

Zwar hat sich Kant an der Bedeutungsverschiebung des Worts *Erfahrung* stillschweigend und vorläufig auch schon in der ersten von ihm publizierten Fassung der Ersten Kritik orientiert. Hier zeigt sich diese Bedeutungsverschiebung in Form einer noch nicht ganz ausgereiften quasigrammatischen Bemerkung: »Wenn man von verschiedenen Erfahrungen [also im Plural, R. E.] spricht, so sind es nur so viel Wahrnehmungen, sofern solche zu einer und derselben allgemeinen Erfahrung gehören«.[18] Trotzdem konnte er diese Bedeutungsverschiebung erst nachträglich und im Rahmen einer konzentrierten Retraktation dieser ersten Darstellung zu einem ausdrücklichen Thema machen und in eine ausgereifte theoretische Form bringen. Doch im Licht einer solchen erst nachträglich durchschauten und thematisierten gravierenden Bedeutungsverschiebung erscheint auch fast jeder Schritt, den er in der vorangegangenen Darstellung seiner Theorie präsentiert hat, in einem neuen Licht. Er wird daher die nächste beste Gelegenheit nutzen, um die innere Schrittfolge seiner Theorie in einer neuen Darstellung entsprechend zu verbessern. Ohne ihre Berücksichtigung wird man mit dem Verstehen der Texte dieser Theorie wie mit der Beurteilung der Wahrheitsfähigkeit und der Lernpotentiale dieser Theorie in chronischen Schwierigkeiten stecken bleiben.

6. Die buchtechnischen Konsequenzen aus der Einsicht in das Rätsel

Doch solche Diskrepanzen zwischen verschiedenen, schrittweise gereiften Darstellungen derselben Theorie sind in der Philosophie eher normal als unnormal. Knapp hundert Jahre vor Kant hat beispielsweise John Locke seinen berühmten *Essay Concerning Human Understanding* seit der ersten Auflage von 1690 schon zu Lebzeiten noch

---

[18] KrV, A 110.

dreimal revidiert und neu publiziert und sogar noch eine erst postum 1706 erschienene fünfte Fassung vorbereitet. Noch innerhalb von Kants letztem Lebensjahrzehnts hat Fichte im Laufe von zehn Jahren – von 1794 bis 1804 – vier verschiedene Fassungen seiner *Wissenschaftslehre* ausgearbeitet. Und beispielsweise Hegel hat den 1812 zuerst publizierten ersten Band des Ersten Teils seiner *Wissenschaft der Logik* nach fast zwanzig Jahren in einer vielfach tiefgreifend veränderten Fassung 1830 erneut publiziert. Nahezu legendär ist inzwischen die Vielzahl der Erprobungen, an denen sich im 20. Jahrhundert Wittgenstein während rund zwanzig Jahren versucht hat, bevor er schließlich mit den *Philosophischen Untersuchungen* dem Rätsel der Sprache am eindringlichsten auf die Spur gekommen zu sein meinte.

Die unterschiedlichen und miteinander konkurrierenden oder einander ergänzenden Interpretationen der Texte philosophischer Theorien durch deren Leser bilden daher nicht selten auch ein mehr oder weniger spätes Epiphänomen der Arbeitserfahrungen, die die Autoren durch ihre Arbeit an ihren Theorien immer wieder von neuem selbst machen können. Zu Recht handelt es sich daher bei der Auseinandersetzung mit diesen Theorien mindestens ebenso sehr um Rekonstruktionen eines kohärenten theoretischen Formats wie um Interpretationen ihrer diversen Texte.

Auch Kant hat die Arbeitserfahrung, die für ihn als Autor mit der Diskrepanz zwischen einer kohärenten methodischen Schrittfolge seiner Theorie und ihren divergierenden literarischen Darstellungen verbunden ist, mehrmals selbst in tiefgreifenden Formen erlebt. Die zweite Auflage der *Kritik der reinen Vernunft*, die er bis 1787 im Laufe von sechs Jahren erarbeitet hat, ist teilweise aus tiefen Eingriffen in die Theorie hervorgegangen, an der er schon vor ihrer ersten publizierten Fassung zehn Jahre lang stillschweigend und ununterbrochen gearbeitet hatte. Die entsprechenden Teile in ihrer neuen literarischen Darstellung zeigen ein so radikal verändertes Gesicht, daß die nominell selben Teile seiner Theorie in diesen neuen Darstellungen kaum wiederzuerkennen sind. Auf dem ersten Drittel dieses Wegs zur zweiten Auflage hat er in der Einführungsschrift der *Prolegomena* sogar in einer ganz neuen methodisch-didaktischen Einstellung den rasch erkennbar gewordenen großen Verständnis- und Beurteilungsschwierigkeiten abzuhelfen gesucht, die die Inhalte und die methodische Schrittfolge der *Kritik der reinen Vernunft* mit ihrer doktrinalen Darstellungsform seinen zeitgenössischen philosophischen Lesern schon gleich nach dem Erscheinen der ersten Auflage bereitet haben. Legendär ist die Klage von Kants Freund Moses Mendelssohn über die »nervensaftverzehrende« Lektüre von Kants Hauptwerk.[19] Das wohl wichtigste Thema der Retraktationen der *Prolegomena* bildet Kants beginnende Einsicht in die mit seiner Theorie verbundene gravierende Bedeutungsverschiebung, die gerade dasjenige Wort durchmacht, durch das seine Theorie der Erfahrung am unmittelbarsten mit der etablierten Alltagssprache, der höheren Bildungssprache und der Wissenschaftssprache sogar bis in unsere Gegenwart verbunden ist – das Wort *Erfahrung*.

7. Die sachlichen Konsequenzen aus der Einsicht in das Rätsel

Hermann Cohens Rätsel-Diagnose bildet zweifellos einen der pointiertesten Ausgangspunkte für die Bemühungen, mit denen die Kant-Forschung zu Beginn des 20. Jahrhunderts in allem Ernst angefangen hat, Kants gesamte philosophische Hinterlassenschaft mit den jeweils bewährtesten hermeneutischen und analytischen Methoden zu erforschen. In Abständen von jeweils mehreren Jahrzehnten hat sie seitdem immer wieder von neuem bedeutende Klärungen erzielt. Sie sind nicht nur dem besseren Verständnis der Texte, sondern auch der besseren Beurteilung sowohl der theoretischen Gehalte wie der methodischen Schritte und der Lernpotentiale zugute gekommen, die in den verschiedenen Teilen wie im ganzen von Kants *Kritik der reinen Vernunft* dargestellt werden.

Kant selbst ist sich über die Konsequenzen von Anfang an klar gewesen, die die gravierende Bedeutungsverschiebung mit sich bringt, die das Wort *Erfahrung* im Licht seiner Theorie durchmacht. Er hat daher die hermeneutischen Erfahrungen von Widerspenstigkeit sogar selbst vorhergesehen, die seine Theorien und deren Texte seinen Lesern bereiten werden. Da er selbst einige Jahrzehnte in derselben philosophischen Tradition gearbeitet hat wie seine zeitgenössischen Leser, kalkuliert er die hermeneutischen Störfaktoren gleich mit ein, durch die deren ganz anders strukturierte Arbeitserfahrungen zu Hindernissen für eine sachgerechte Aufnahme seiner Ersten

---

[19] Vgl. Mendelssohns Brief an Kant vom 10. April 1783, Ak. XI, S. 307–308, hier: S. 308.

Kritik werden müssen. Daß seine Theorie zumindest »ungewohnt«[20] sei, eher aber »wohl sehr widersinnig« und »befremdlich«[21], auch »übertrieben«[22] aussehe, müsse als »das Paradoxe«[23] an ihr von Anfang an einkalkuliert werden.

Es liegt auf der Hand, daß vor allem die traditionelle alltägliche und wissenschaftliche Rede von Erfahrung durch die radikale Bedeutungsverschiebung dieses Worts in Kants Theorie zu einem irritierenden hermeneutischen und sachlichen Hindernis der Auseinandersetzung mit ihr wird. Denn nichts ist bis heute für uns selbstverständlicher als darauf zu vertrauen, daß wir durch die Erfahrung lernen oder belehrt werden. Von der griechischen ἐμπειρία über die lateinische *experientia* bis zur britischen *experience* bzw. französischen *expérience* und zur vorkantischen und sogar noch gegenwärtigen deutschen *Erfahrung* fungiert das Wort zur Benennung eines unerschöpflichen Fundus von Entdeckungen bzw. Lernerfolgen. Doch ebenso ist in unzähligen empiristischen und quasiempiristischen Theorien etwas in den Mittelpunkt der Aufmerksamkeit gerückt worden, was mit dem von Kant thematisierten Typ von Erfahrung bzw. Erfahrungserkenntnis nur noch in einem traditionellen Punkt verwandt ist. Denn vor allem der unerläßliche Anteil, den die unerschöpflichen Sinneswahrnehmungen am Erwerb von Erfahrungserkenntnissen haben, bildet diese Verwandtschaftskomponente.[24] Doch die von Kant apostrophierte *Erfahrung* bildet einen Typus von Erfahrung, der sich radikal von dieser *Empirie* der unaufhörlich im menschlichen Erkenntnishorizont auftauchenden Sinneswahrnehmungen unterscheidet. Denn indem diese Erfahrung einerseits ›das absolute Ganze aller möglichen Erfahrung‹ einschließt, handelt es sich bei der Theorie, an der Kant in diesem Punkt arbeitet, in der aktuellen Fachterminologie insofern um eine *holistische* Theorie – also um eine Theorie die, salopp gesprochen, aufs Ganze der den Menschen möglichen Erfahrung zielt. Sie zielt aber nicht darauf, wie

---

[20] KrV, A 36, B 53.
[21] A 114; vgl. auch A 127.
[22] A 127.
[23] B 152.
[24] Den typologischen Kontrast von Kants Konzeption der Erfahrung zu den von der klassischen griechischen Antike bis zu seiner Zeit überlieferten Konzeptionen skizziert in knapper, aber wohlbalancierter Form Oliver R. Scholz, Art. Erfahrung, in: Heinz Thoma (Hg.), Handbuch Europäische Aufklärung. Begriffe, Konzepte, Wirkung, Stuttgart/Weimar 2015, S. 150–160, bes. S. 157 f.

es die Wissenschaftstheorie bis in den Anfang der siebziger Jahre des vergangenen Jahrhunderts erprobt hat, der Struktur der Erfahrung durch eine formale Mikro-Analyse einzelner wissenschaftlicher Sätze und ihrer theoretischen Zusammenhänge auf die Spur zu kommen.

Doch das absolute Ganze, das Kant thematisiert, ist anderseits nicht nur ›selbst keine Erfahrung‹. Es wird dem Leser der *Prolegomena* im letzten großen Teil mit der Leitfrage *Wie ist Metaphysik überhaupt möglich?*[25] auch ganz unvermittelt zum ersten Mal präsentiert. In der unvermittelten Präsentation unter dieser Leitfrage tritt es dem Leser wie ein in der überlieferten Metaphysik beheimatetes übermenschliches Absolutum entgegen, aus dem sich den Menschen jeder ihrer Lernerfolge und jede ihrer Entdeckungen nach und nach durch mehr oder weniger fulminante Schickungen einer geheimnisvollen Gunst mitzuteilen scheint. Um so wichtiger wurde es für Kants Arbeit an seiner Theorie zu klären, ob spezifische Bedingungen ans Licht gebracht werden können, von denen abhängt, daß der Mensch die Möglichkeit hat, sich durch dafür geeignete Schritte *aus eigener Kraft* immer wieder von neuem einen »*Teil* von der ganzen Sphäre ihres Gebiets«[26] zu eigen zu machen. Zu dem implizit scheinenden Quasi-Bild eines übermenschlichen Mediums des ›absoluten Ganzen aller möglichen Erfahrung‹, ›das aber selbst keine Erfahrung ist‹, ist Kant – rechtzeitig gleichsam vorbeugend – auf einen radikalen Gegenkurs gegangen. Schon während der ersten Hälfte des Jahrzehnts seiner stillschweigenden Vorarbeiten zur *Kritik der reinen Vernunft* fragt er in einer seiner handschriftlichen Notizen der sogenannten *Reflexionen zur Metaphysik*[27] nach dem, »wodurch alle Erfahrungen *von unserer Seite* möglich sind«[28] – also die spezifisch menschlichen Bedingungen der Möglichkeit der Erfahrung. Diese frühe, jedoch überaus wichtige prophylaktische anthropologische Hauptorientierung hat erst fast zuletzt dazu geführt, daß er das logische und das methodische Format der für die Menschen möglichen Schritte zur Teilhabe am ›absoluten Ganzen aller möglichen Erfahrung‹ definitiv durchschauen konnte.

---

[25] Vgl. S. 327 ff.
[26] Ebd., Hervorhebung R. E.
[27] Vgl. Reflexionen zur Metaphysik, Ak. XVII–XVIII.
[28] Reflexionen zur Metaphysik, Ak. XVII, R 4634.

8. Der ›springende Punkt‹ der Erfahrungsurteile

Auf dem Weg zu dieser wichtigen Einsicht entdeckt er die Möglichkeit, von dem ›absoluten Ganzen aller möglichen Erfahrung‹ »[j]ede einzelne Erfahrung«[29] zu unterscheiden, durch die den Menschen die Aussicht auf einen solchen schrittweisen Einzelerwerb ohne definitives Ende offen steht. Er entdeckt hier, daß ›jede einzelne Erfahrung‹, die durch einen solchen Schritt gelingt, ein ganz spezifisches, bis dahin von noch niemandem durchschautes logisches Format besitzt. Dieses gleichsam verborgene logische Format prägt einen Typus von Urteilen, den Kant trotz dessen bislang verborgen gebliebenen logischen Formats durch den bis heute traditionellen Namen *Erfahrungsurteile* apostrophiert.[30] Doch so wie das traditionelle Wort *Erfahrung* macht im Licht seiner Theorie konsequenterweise auch das bis heute traditionelle Wort *Erfahrungsurteil (empirical judgement)* eine radikale Bedeutungsverschiebung durch. Diese Bedeutungsverschiebung betrifft nicht nur das interne logische Format dieses Urteilstyps, sondern auch das externe methodische Format der Schritte, durch die jedes einzelne Erfahrungsurteil dieses Typs ›von unserer Seite‹ gewonnen werden kann.

Kants unscheinbare Rückgriffe auf bis heute alltägliche Ausdrücke wie *Erfahrung* und *Erfahrungsurteile* machen in gewisser Weise besonders deutlich, in welchem Spannungsfeld er sich mit seiner ganzen Theorie verortet. Denn es ist nur allzu offensichtlich das Spannungsfeld, das sich auftut, wenn man sich an Schritten versucht, die von dem, was in jeder anderen als der philosophischen Einstellung für selbstverständlich gehalten wird, zur Klärung der Bedingungen der Möglichkeit einer solchen Selbstverständlichkeit beitragen sollen. Dieses ganz besondere Spannungsfeld ergibt sich gleichsam aus einer Mehrzahl von Spannungspolen. Sie kommen unvermeidlicherweise ins Spiel, wenn man von der Sprache der alltäglichen Selbstverständlichkeiten zu der Sprache übergeht, in der die Fragen der Philosophie nach deren Möglichkeitsbedingungen gestellt werden und beantwortet werden sollen. Die gemeinsamen Repräsentanten dieser Spannungspole werden daher regelmäßig von den Worten gebildet, die der Sprache der alltäglichen Selbstverständlichkeiten und der Sprache

---

[29] Prolegomena, Ak. IV, S. 327.
[30] Vgl. S. 297–313.

der jeweiligen philosophischen Theorie zwar gemeinsam sind. Durch mehr oder weniger radikale Bedeutungsverschiebungen bleiben solche homophonen Zwillinge aber nur noch wie einander entfremdete Geschwister derselben Familie miteinander verbunden. Dadurch, daß Kant sie trotzdem weiterhin ungeschieden gebraucht, signalisiert er jedoch, daß seiner Theorie mehr an einer Verständigung zwischen den gemeinsamen Familienmitgliedern liegt als an deren semantischen Differenzen.

9. Selbstverständliche Empirie oder rätselhafte Erfahrung?

Bis heute wird von Kategorien gesprochen, zwar mit unterschiedlichen sachlichen Akzentuierungen, aber stets in Anlehnung an die ursprüngliche aristotelische Tradition. Im Rahmen seiner nicht-empirischen und nicht-empiristischen Theorie der Erfahrung liegt Kant verständlicherweise vor allem daran, daß es sich bei den von ihm thematisierten spezifisch menschlichen Bedingungen der Möglichkeit der Erfahrung um alles andere als um irgendwelche empirischen, innerweltlichen Tatsachen handelt, aus denen diese Möglichkeit erklärt werden könnte. Um den jenseits solcher innerweltlichen Tatsachen liegenden Typus dieser Bedingungen zur Sprache zu bringen, greift er auf das traditionsreiche, von Aristoteles geerbte griechische Fremdwort *Kategorie* zurück. Doch noch einmal löst Kant es aus seiner ohnehin unüberschaubar komplex gewordenen Bedeutungstradition und reserviert es für die Charakterisierung des Kerns aller von ihm untersuchten Bedingungen der Möglichkeit der Erfahrung. Immerhin ist dieses Wort schon durch seine griechische Herkunft mit einem gewissen Nimbus versehen, der es auch im Zusammenhang von Kants Theorie vor vorschnellen Vereinnahmungen zumindest durch ein irreführendes alltägliches Vorverständnis schützt. In seiner Kernbedeutung in Kants Theorie bezeichnet es nicht mehr und nicht weniger als eine spezielle *Urteilsfunktion*, also eine Funktion, durch deren Gebrauch – und nur durch deren Gebrauch – wir sowohl im Alltag wie in den empirischen Wissenschaften Gegenstände möglicher Erfahrung mit Anspruch auf objektive Wahrheit *beurteilen* können. Und gewiß ist eine Urteilsfunktion auch selbst keine innerweltliche, empirische Tatsache – genauso wenig wie z. B. auch die, die wir auch schon im Alltagsleben und in der wissenschaftlichen Arbeit durch die *wenn - - -, dann ...*-Funktion für hypothetische empirische

Erklärungen innerweltlicher Tatsachen durch geeignete andere innerweltliche Tatsachen zur Sprache bringen.

Es gehört indessen ebenfalls zur Paradoxie von Kants Theorie, daß er nach den von ihm apostrophierten Bedingungen der Möglichkeit der Erfahrung gesucht hat, als wären sie Nadeln in einem Heuhaufen. Wenn man den Anfang seines ›critischen Wegs‹ auf das Jahr 1769 datiert, dann macht sein handschriftlicher Nachlaß wahrscheinlich, daß er zunächst rund drei Jahre benötigt hat, um in zwei Schritten des Jahres 1772 wenigstens zu der programmatischen Formel von den Bedingungen der Möglichkeit der Erfahrung zu finden und diese mit einem besonderen Typ von Begriffen – den erst später so genannten reinen Verstandesbegriffen bzw. Kategorien – zu identifizieren.[31]

Doch in einem späten Rückblick auf diese tiefgründige Suche formuliert er eine das traditionelle Kant-Bild im höchsten Maß irritierende Arbeitserfahrung: »Unsere gemeine Sprache enthält schon alles das, was die Transzendentalphilosophie mit Mühe herauszieht«.[32] Dieser paradoxe Kontrast erinnert nicht zufällig an eine Arbeitserfahrung Wittgensteins: »Um in die Tiefe zu steigen, braucht man nicht weit zu reisen; ja, Du brauchst dazu nicht Deine nächste und gewöhnliche Umgebung verlassen«.[33] Man braucht Kant nicht zu einem Proto-Sprachanalytiker zu stilisieren. Doch die für seine Arbeit in gewissem Sinne wichtigste Bedingung der Möglichkeit der Erfahrung – die Kausal-Kategorie – hat er zehn Jahre nach der ersten Formulierung dieser berühmt gewordenen Programmformel tatsächlich in zwei Schritten gefunden, indem er überaus sorgfältig die ›nächste und gewöhnliche Umgebung‹ des damaligen – und auch unseres heutigen – ›gemeinen‹ Sprachgebrauchs studiert hat. Er hat sie unter dem terminologischen Namen der Erfahrungsurteile im Medium von ganz und gar alltäglichen Urteilen durchsichtig gemacht. Sie sind allen Menschen seit uralten Zeiten in den mannigfaltigsten, auch den krudesten sprachlichen Varianten vertraut geworden – z. B.

---

[31] Vgl. Reflexionen zur Metaphysik, Ak. XVII, bes. R 4473 bzw. 4634. – Die beste Rekonstruktion dieses Wegs und seiner Schritte hat bis jetzt Wolfgang Carl, Der schweigende Kant. Die Entwürfe zu einer Deduktion der Kategorien vor 1781, Göttingen 1989, erarbeitet.

[32] Kleine Vorlesungen, Ak. XXIX, 1, S. 804.

[33] Ludwig Wittgenstein, Vermischte Bemerkungen, Werkausgabe Bd. 8, Frankfurt/Main 1984, S. 520.

in der geradezu rührend einfach scheinenden, aber gleichwohl paradigmatischen Variante Kants *Die Sonne erwärmt den Stein*.[34]

Allerdings wirft es ein weiteres helles Licht auf die Struktur von Kants unaufhörlichen Arbeitserfahrungen, daß er schon in der ersten Auflage der Ersten Kritik zwei weitere Erfahrungsurteile des später durchschauten Typs präsentiert, ohne sie hier bereits als solche zu durchschauen: *Die Sonne weicht das Wachs* und *Die Sonne härtet den Ton*.[35] Doch seine Analyse solcher alltäglichen Erfahrungsurteile bildet im Rahmen seiner spezifischen Arbeit zweifellos eine ingeniöse sprachanalytische Leistung. Denn er entdeckt hier, daß zweistellige Prädikate unserer Sprache wie *... erwärmt - - -*, *... weicht - - -* und *... härtet - - -* zu einem spezifisch kausalen Vokabular gehören. Auch z. B. in der ärztlichen Diagnose *Streptokokken haben die Herzinnenwand des Patienten N.N. entzündet* gehört das zweistellige Prädikat *... entzündet - - -* zu dieser kausal-spezifischen Wortfamilie. In solchen zweistelligen Prädikaten ist die Kausal-Kategorie – in Kants Logik bekanntlich eine zweistellige Relations-Kategorie – gleichsam gebrauchs- und alltagssprachlich verschlüsselt.

Doch die am tiefsten reichende sprachanalytische Einsicht ist Kant mit einer syntaktischen Vertiefung dieser spezifisch prädikatanalytischen Einsicht gelungen. Es ist allerdings, wenn ich in der riesigen Woge der Kant-Literatur nichts übersehen habe, in der Kant-Forschung bis heute anscheinend unbekannt, daß Kant sie in der zweiten Auflage der Ersten Kritik mitgeteilt hat – also aufschlußreicherweise auch erst nach der kausal-kategorialen Prädikat-Analyse der Struktur der Erfahrungsurteile in den *Prolegomena*. Er hat hier förmlich im Vorbeigehen die ganz und gar alltägliche syntaktische Urteilsform berücksichtigt, durch die wir Urteile über Einzelfälle von Kausalität bilden. Diese syntaktische Form bildet einerseits die grammatische Vertiefung der zweistelligen Kausalprädikate, andererseits ist sie nichts anderes als der grammatische Ausdruck der Kausal-Kategorie, also der charakteristischen *Urteilsfunktion* für Stellungnahmen zu individuellen Fällen von Kausalität. Kant führt sie ein, indem er fast beiläufig fragt, »wie [...] *darum, weil* etwas ist, etwas anderes sein *müsse*«.[36] Also die alltägliche syntaktische Urteilsform *weil - - -, darum muß ...* bildet den sprachlich-syntaktischen Aus-

---

[34] Prologomena, Ak. IV, S. 305*.

[35] Vgl. KrV, A 765, B 793 A 766, B 795.

[36] KrV, B 288, Hervorhebungen R. E.

druck der Kausal-Kategorie. In der Anwendung dieser kategorialen Urteilsform auf das Muster-Beispiel Kants aus den *Prolegomena* wird das alltägliche Erfahrungsurteil *Die Sonne erwärmt den Stein* mit seiner prädikativ verschlüsselten kausal-kategorialen Form in die nicht weniger alltägliche syntaktische Klarform überführt **Weil** *die Sonne den Stein bescheint,* **darum muß** *er warm/wärmer werden.* Ebenso verhält es sich mit den beiden anderen exemplarischen Erfahrungsurteilen: **Weil** *die Sonne das Wachs bescheint,* **darum muß** *es weich/weicher werden und* **Weil** *die Sonne den Ton bescheint,* **darum muß** *er hart/härter werden.*

10. Von der selbstverständlichen Empirie zur rätselhaften Erfahrung

Die Schritte zu solchen nur allzu alltäglichen Erfahrungsurteilen gelingen im Licht von Kants Theorie nur deswegen, weil es den Menschen seit uralten Zeiten immer wieder von neuem ganz und gar spontan – also ohne irgendeine externe Belehrung durch eine Logik oder Transzendental-Philosophie – gelungen ist, das zu tun, was ›erforderlich zur Möglichkeit der Erfahrung‹ ist. Kant hat die Schritte dieses Gelingens in den Prolegomena sorgfältig unterschieden und charakterisiert. Man geht von Sinneswahrnehmungen bzw. Wahrnehmungsurteilen aus, z. B. in der temporalen Form **Nachdem** *die aufgehende Sonne angefangen hat, den Stein zu bescheinen, wird er warm/wärmer* bzw. in der hypothetischen Form **Wenn** *die Sonne den Stein bescheint,* **dann** *wird er warm/wärmer.* Von hier aus tut man spontan das ›zur Möglichkeit der Erfahrung Erforderliche‹: Man macht spontan von Kategorien wie der Kausal-Kategorie – und nur von solchen Kategorien – Gebrauch, indem man genuine Erfahrungsurteile bildet, z. B. *Die Sonne erwärmt den Stein* bzw. *Weil die Sonne den Stein bescheint, darum muß er warm/wärmer werden* – und zwar ohne sich seines spontanen Gebrauchs solcher Kategorien bewußt zu sein.

Am Typus der Erfahrung, den Kant zu klären sucht, sind also komplexe formale Verflechtungen beteiligt. Sie schließen Gehalte von Sinneswahrnehmungen bzw. Beobachtungen ein (z. B. die Sonne, einen Stein, seine Erwärmung), aber eben auch den Gebrauch von urteilsfunktionalen Kategorien wie der Kausal-Kategorie in der ganz und gar alltäglichen *weil - - -, deswegen muß ...*-Grammatik.

Den Sinneswahrnehmungen fällt in diesem Zusammenhang eine besondere Rolle zu. In der von Kants Schüler Jäsche edierten *Logik* wird diese Rolle implizit so charakterisiert: »Zu den Erfordernissen eines unverwerflichen Zeugen gehört: *Authentizität*«.[37] Doch die primäre kognitive Quelle eines Zeugen bilden seine diversen Sinneswahrnehmungen, vor allem seine Augenzeugenschaft. Der Anteil der Sinneswahrnehmungen an Erfahrungsurteilen verbürgt ihnen daher Authentizität. Ein Erfahrungsurteil ist also dann und nur dann authentisch, wenn sein Autor die Wahrnehmungen selbst gewonnen und kategorial verarbeitet hat, die den Inhalt seines Erfahrungsurteils bilden. Dieser Wahrnehmungsgehalt verbürgt ihnen aber selbstverständlich nicht unmittelbar auch schon Wahrheit. Denn Zeugen können ganz unbeschadet ihrer Authentizität auch irren. Daher sagt Kant von den Erfahrungsurteilen, daß sie »sich auf durchgängige Bestätigung stützen«.[38] Wenn wir statt von Bestätigung von Bewährung, also von *Bewahrheitung* sprechen, dann attestiert Kant den Erfahrungsurteilen mit Blick auf diese Bestätigungs-, Bewährungs- oder Bewahrheitungtauglichkeit eine besondere Form der Tauglichkeit. Karl Popper hat diese Tauglichkeit in einem ganz anderen Zusammenhang als die Tauglichkeit charakterisiert, im Laufe der Zeit eine »approximation to truth«[39] zu durchlaufen. Erfahrungsurteile des von Kant analysierten Typs sind also in der geschichtlichen Dimension ihrer Bewährung wahrheitsfähig. Daher kann Kant von ihnen auch sagen, daß sie eine »Erfahrenheit langer Zeiten«[40] dokumentieren. Unter modernen experimentellen Laborbedingungen können sich die Zeiten der Erfahrenheit mit Erfahrungsurteilen über Fälle von Kausalität selbstverständlich erheblich verkürzen. Vor allem in der klinisch-experimentellen Kausal-Forschung zugunsten der Entwicklung von Medikamenten spielt diese Verkürzung der Zeit der Erfahrenheit sogar eine überaus bedeutsame praktische Rolle.

---

[37] Logik, Ak. IX, S. 72*.
[38] Prolegomena, Ak. IV, S. 327.
[39] Karl R. Popper, Truth, Rationality, and the Growth of Scientific Knowledge, in: Conjectures and Refutations. The Growth of Scientific Knowledge (¹1963), London 1965, S. 215–250, hier: S. 234.
[40] Reflexionen zur Metaphysik, Ak. XVIII, R 5645, S. 287–288.

11. Zwischenbilanz

Es ist zweckmäßig, eine kurze Zwischenbilanz zu ziehen. Am Leitfaden von Kants urteils-analytischen Fortschritten in den *Prolegomena* lassen sich zwei funktionale Teildimensionen der Erfahrung unterscheiden. In der einen Teildimension können die Menschen schon seit uralten Zeiten mit Hilfe jedes Erfahrungsurteils über einen individuellen Fall von Kausalität der unmittelbaren Unerfahrbarkeit des ›absoluten Ganzen aller *möglichen* Erfahrung‹ zuvorkommen, indem sie mit Hilfe eines solchen Urteils einen *wirklichen Anteil* an diesem Ganzen erwerben, also eine *wirkliche* ›einzelne Erfahrung‹. Doch diese Teildimension überschneidet sich funktional mit der anderen Teildimension. Denn der Gebrauch von Kategorien wie der Kausal-Kategorie in Erfahrungsurteilen bildet, wie Kants Terminus *Erfahrungsurteile* besagt, nicht nur die spezifische Bedingung der *Wirklichkeit* der Erfahrung. Sie bildet auch die spezifische Bedingung der *Fruchtbarkeit* der Erfahrung. Die gar nicht abschätzbare Unzahl der Erfahrungsurteile, die den Menschen schon in ihrer bisherigen Geschichte durch den Gebrauch der Kausal-Kategorie in der Form von zweistelligen Kausal-Prädikaten bzw. in der *weil - - -, darum muß ...-* Syntax gelungen sind, macht auf die Berechtigung ihrer Zuversicht aufmerksam, den Gebrauch dieser Kategorie in Erfahrungsurteilen auf unbestimmte Zeit auch weiterhin fruchtbar machen zu können.

12. Die Bedingungen der Möglichkeit aller möglichen Erfahrung

Doch diese Zwischenbilanz ist eben auch noch keine endgültige Bilanz, die dem wichtigsten konstruktiven Ziel von Kants Arbeit an seiner Theorie gerecht werden müßte – also dem Ziel zu zeigen, daß und inwiefern »die Bedingungen der *Möglichkeit der Erfahrung* überhaupt […] zugleich die Bedingungen der *Möglichkeit der Gegenstände der Erfahrung* [sind]«.[41] Die methodische Schrittfolge Kants zu diesem Ziel ist nicht nur nahezu hyperkomplex. Seine buchtechnische Darstellung weist auch in der zweiten Auflage der Ersten Kritik, wie er selbst einräumt,[42] noch so manche Unzulänglichkeit auf,

---

[41] A 158, B 197.
[42] Vgl. KrV, B XVIII–XLIV.

die sich aber, wie er am Ende der Vorrede zu dieser Auflage selbst sagt, »durch Einschaltungen […] nicht bewerkstelligen ließ«.[43] Man kann den Schwierigkeiten, die sich für die Erörterung von Kants theoretischem Hauptziel in einem Essay wie diesem ergeben, durch drei Kunstgriffe vorbeugen. Zum einen kann man sich auf die Erörterung eines einzigen der acht Grundsätze beschränken, die diese Bedingungen formulieren. Zum anderen kann man aus Gründen eines lehrreichen Kontrasts eine prominente, aber auch die gravierendste Fehldeutung dieses Grundsatzes berücksichtigen. Und schließlich läßt sich zeigen, wie man diese Fehldeutung korrigieren kann, indem man die viel zu oft vernachlässigte systematische Pointe von Kants Theorie der Erfahrung durch einen einfachen dritten, von ihm selbst vorbereiteten Kunstgriff erfassen kann.

Im Anschluß an die ausführliche Erörterung der Erfahrungsurteile über individuelle Fälle von Kausalität lohnt es sich, sich auf das Prinzip der Kausalität zu konzentrieren. Kant stellt es in der zweiten Auflage unter dem Titel *Grundsatz der Zeitfolge nach dem Grundsatz der Kausalität*[44] vor. Die Formulierung dieses Grundsatzes ist jedoch in der Formulierung der ersten Auflage vorzuziehen: »Alles, was geschieht (anhebt zu sein) setzt etwas voraus, worauf es *nach einer Regel* folgt«.[45] Diese Bevorzugung bildet meinen ersten Kunstgriff. Denn dieser *Grundsatz* spielt wegen einer bedeutsamen inneren Unschärfe nicht nur eine außerordentlich wichtige mehrdeutige Rolle für die Interpretation seines Wortlauts und für die Beurteilung seines systematischen Formats. Dieser Grundsatz hat verständlicherweise gerade auch Naturwissenschaftler und Wissenschaftstheoretiker der Naturwissenschaften zu Interpretationen und Beurteilungen eingeladen. Denn sie müssen und möchten mit Blick auf kausale Vorgänge in der Natur – aber auch mit Blick auf die experimentelle Kausalforschung – geklärt wissen, welches deren *universelle* Grundzüge sind. Kant kommt diesem Bedarf an Klärung universeller Grundzüge entgegen, indem er ›Alles, was geschieht (anhebt zu sein)‹ zu einem Teilthema des Kausalitätsprinzips macht. Naturwissenschaftler bringen auf Grund der schon Jahrtausende währenden Überlieferung des Umgangs mit kausalen Phänomenen verständlicherweise ein entsprechend lange bewährtes pragmatisches und intuitives Vorverständnis

---

[43] B XLII.
[44] KrV, B 232.
[45] A 189, Kants Hervorhebung.

dieser universellen Grundzüge mit. Sobald sie dazu übergehen, die Inhalte dieses Vorverständnisses mit reflexiven und analytischen Mitteln zugunsten der Formulierung eines allgemeingültigen Prinzips der Kausalität auszuarbeiten, legt sich ihnen spontan eine Auffassung nahe, die diesem Prinzip ein Format verleiht, das in der disziplinären Terminologie der Philosophie einen *ontologischen* Charakter hat. In dieser Einstellung schreiben sie die Eigenschaften, eine Ursache bzw. eine Wirkung zu sein, und vor allem auch die Beziehung zwischen Ursache und Wirkung direkt *existierenden Strukturen* in der Welt ihrer empirischen Forschungen zu. Die Auffassung, daß das Kausalitätsprinzip in diesem Sinne ein ontologisches Prinzip sei, ist für sie daher von naheliegender Selbstverständlichkeit. Doch diese Selbstverständlichkeit bildet einen atypischen Spezialfall unter den Selbstverständlichkeiten, die Bedingungen von deren Möglichkeit zu klären, Kant unternommen hat. Denn Kant stellt unmißverständlich klar, daß eine solche ontologische Auffassung sich lediglich »*anmaßt*, […] (z. B. den Grundsatz der Kausalität)«[46] angemessen zu thematisieren.

Diese verbreitete, nahezu selbstverständliche ontologische Auffassung des Kausalitäts-Prinzips verdient unter den thematischen Vorzeichen dieses Essays besondere Aufmerksamkeit. Denn wegen der Selbstverständlichkeit, mit der sie von respektablen Naturwissenschaftlern und Wissenschaftsphilosophen favorisiert wird, bedarf sie einer ernsthaften Prüfung der ›Bedingungen ihrer Möglichkeit‹. Und wegen ihrer unmißverständlichen Verwerfung durch Kant lohnt es sich zu klären, ob und gegebenenfalls wie Kants Erörterung des Kausalitätsprinzips zu einer fruchtbaren Klärung dieser komplizierten theoretischen Situation beiträgt. Es trifft sich daher günstig, daß der Philosoph und Wissenschaftstheoretiker Wolfgang Stegmüller die bislang subtilste Ausarbeitung der ontologischen Auffassung vorgelegt hat. Denn gerade die formale Subtilität dieser Ausarbeitung erlaubt es um so besser, die neuralgischen Punkte zu erfassen, an denen Kant die ontologische Auffassung ihrer Unhaltbarkeit überführt und in eine fruchtbare Alternative transponiert.

Stegmüllers zentrale ontologische Version des Kausalitätsprinzips hat, wie schon berücksichtigt (vgl. oben S. 98–99), die Form und den Inhalt: »Es *existiert* eine absolute, auf der Kausalstruktur der Welt beruhende Relation ›früher als‹ (›später als‹), die für beliebige

---

[46] KrV, A 247, B 303, Hervorhebung R. E.

physikalische Zustände und Vorgänge definiert ist«.[47] Doch was ist an dieser ontologischen Existenz-Auffassung über die Welt-im-ganzen und an ihrer Interpolation in Kants Auffassung des Kausalitäts-Theorie falsch? Die Fruchtbarkeit der Komplexität von Kants Kausalitäts-Theorie läßt sich auch daran ermessen, daß sich diese ontologische Version unter Kants systematischen Vorzeichen nicht nur in der schon erörterten Form verwerfen läßt (vgl. hierzu ausführlich oben S. 98–99). Eine ganz andere, aber mit seiner Theorie der Erfahrung strikt kohärente Argumentation ergibt sich aus dem Argument, daß diese Theorie sich als »Probierstein ihrer Richtigkeit«[48] bewährt, sobald man sie in der Prüfung von überlieferten metaphysischen Auffassungen von Eigenschaften der Welt-im-ganzen erprobt (vgl. hierzu oben S. 105–107). Stegmüllers ontologisches Kausalitätsprinzip ist fatalerweise ein unintendiertes Erbe dieser fehlgeleiteten metaphysischen Auffassungen. Denn es thematisiert mit ›*der* Kausalstruktur‹ eine Eigenschaft ›*der* Welt‹. Damit gehört es zu dem Typ von Theorien, den Kant dafür kritisiert, daß er im Licht des ›Probiersteins der Richtigkeit‹ seiner Theorie der Erfahrung mit einer »Falschheit der Voraussetzung«[49] arbeitet – mit der Voraussetzung, daß wir Menschen zur Welt-im-ganzen und ihren Eigenschaften einen direkten kognitiven, also diese Welt-im-ganzen und deren Eigenschaften erschließenden Zugang haben können. Doch ein solcher Zugang wäre nur dann möglich, wenn die Welt-im-ganzen ein möglicher Gegenstand der Erfahrung wäre. Indessen können wir im Licht von Kants Theorie einen verläßlichen kognitiven Zugang zu kausalen Strukturen nur durch wahrnehmungsgesättigte und kategoriengepägte empirische Erfahrungsurteile der Form *weil - - -, deswegen muß …* über Einzelfälle von Kausalität wie *Weil die Sonne den Stein bescheint, deswegen muß er warm/wärmer werden* gewinnen. Ein direkter kognitiver Zugang zur Welt-im-ganzen scheitert daher schon daran, daß sie unserer auf empirische Einzelfälle abgestimmten Wahrnehmungsfähigkeit grundsätzlich nicht zugänglich ist. Alleine schon dadurch ist auch Stegmüllers ontologisches Kausalitätsprinzip mit einer ›Falschheit der Voraussetzung‹ verbunden.

Es wird jedoch zu häufig vernachlässigt, daß Kant ein ›critisches‹ systematisches Analogon zur Welt-im-ganzen ins Auge gefaßt hat.

---

[47] Stegmüller, Rekonstruktion, S. 39, Hervorhebung R. E.
[48] KrV, A 295, B 352.
[49] Prolegomena, Ak. IV, S. 343.

Denn bei der von ihm thematisierten Erfahrung handelt es sich um »das *absolute Ganze aller möglichen Erfahrung*«.[50] Dieses ›holistische‹ Erfahrungsmaximum hat die außerordentlich wichtige Funktion, den Maßstab festzulegen, an dem sich die Ansprüche auf die objektive Wahrheitsfähigkeit aller einzelnen empirischen Erfahrungsurteile bemessen lassen müssen – auch in der rührend einfachen Gestalt *Die Sonne erwärmt den Stein* bzw. *Weil die Sonne den Stein bescheint, deswegen muß er warm/wärmer werden*. Die objektivierende Funktion dieses Maßstabs zeigt sich durch die ausdrückliche Erläuterung, mit der Kant dieses ›absolute Ganze aller möglichen Erfahrung‹ gegen alle subjektivistischen Mißverständnisse abgrenzt. Denn es »ist aber selbst keine Erfahrung«[51] – also grundsätzlich nicht durch Bemühungen um wahrnehmungsgesättigte und kategorial geprägte empirische Erfahrungsurteile zugänglich. Indessen ist jedes einzelne Erfahrungsurteil als »*einzelne* Erfahrung [...] ein *Teil* von der ganzen Sphäre ihres Gebietes«.[52] In Gestalt jedes neuen gelungenen Erfahrungsurteils dieses Typs – und nur dieses Typs – gewinnen wir durch geeignete *subjektive* Anstrengungen (geeignete Wahrnehmungen und angemessenen urteilsförmigen Kategoriengebrauch) immer wieder von neuem einen *objektiv* wahrheitsfähigen Anteil an dieser ganzen Sphäre. Durch die funktionale Bindung des Beitrags jedes Erfahrungsurteils zum ›absoluten Ganzen aller möglichen Erfahrung‹ findet sich jedes derartige Erfahrungsurteil in der besonderen, verschärfenden methodischen Situation, darauf angewiesen zu sein, daß es »[...] sich auf [...] *durchgängige* Bestätigung [stützt]«[53] – also darauf, daß es mit buchstäblich *allen* anderen einzelnen Erfahrungsurteilen, die am ›absoluten Ganzen aller möglichen Erfahrung‹ teilhaben, *durchgängig* übereinstimmt. Kant favorisiert damit ein spezifisch holistisches Erfahrungskriterium für die objektive Wahrheitsfähigkeit des von ihm konzipierten Typs von Erfahrungsurteilen.

Dieses ›absolute Ganze aller möglichen Erfahrung‹ ist zwar ›selbst keine Erfahrung‹, also für eine direkte kognitive Beziehung des Menschen nicht zugänglich. Gleichwohl hat Kant einen ingeniösen *logischen* Kunstgriff gefunden, es indirekt und maximal differen-

---

[50] Prolegomena, Ak IV, S. 328, Kants Hervorhebungen.
[51] Ebd.
[52] S. 327–328.
[53] IV, 327, Hervorhebung R. E.

ziert zu thematisieren. Denn jeder der acht Grundsätze, die die Bedingungen der Möglichkeit der Erfahrung thematisieren, bringt das von ihm Thematisierte mit Hilfe desselben *universalisierende*n Faktors zur Sprache – also so, daß das ›absolute Ganze *aller* möglichen Erfahrung‹ thematisiert wird. Durchmustert man alle diese Grundsätze schematisch unter diesem Aspekt, dann erhält man für *Das Prinzip der Axiome der Anschauung* die universelle Komponente »*Alle* Anschauungen …«,[54] für *Das Prinzip der Antizipationen der Wahrnehmung* die universelle Komponente »In *allen* Erscheinungen …«,[55] für die *Erste Analogie* die universelle Komponente »Bei *allem* Wechsel der Erscheinungen …«,[56] für die *Zweite Analogie* die universelle Komponente »*Alles*, was geschieht …«,[57] für die *Dritte Analogie* die universelle Komponente »*Alle* Substanzen …«[58] und für die *Postulate des empirischen Denkens* mit Hilfe einer trivialen entsprechenden Ergänzung die universelle Komponente »[*Alles*] was bzw. dessen …«.[59]

Für Kants Leser bringt dieser elementare logische Kunstgriff auch ohne Rekurs auf die spezifischen Inhalte dieser Grundsätze einen wichtigen hermeneutischen und sachlichen Vorteil mit sich. Denn Kant hat im Rahmen seiner weitläufigen Erörterungen der *Grundsätze* unmißverständlich klargestellt, daß sie *gemeinsam* die notwendigen und hinreichenden Bedingungen der Möglichkeit der Erfahrung formulieren. Das von ihm zur Sprache gebrachte Kausalitätsprinzip bildet daher in seiner vollständigen, spezifisch transzendentalen Form *Erfahrung ist **nur** dann möglich, **wenn alles**, was geschieht (anhebt zu sein), etwas voraussetzt, worauf es nach einer Regel folgt* nicht nur eine *notwendige* Bedingung der Möglichkeit der Erfahrung. Es legt durch seinen universellen Faktor auch *jedes* (wahrnehmbare) Geschehnis darauf fest, ein anderes, früheres (wahrnehmbares) Geschehnis zur Voraussetzung zu haben, also zu der Voraussetzung, von der es selbst in der formalen - - -, *deswegen muß …*- Rolle der *notwendige* Nachfolger eines unmittelbar früheren Geschehnisses ist, das die formale *weil* - - -, …-Rolle seiner hinreichenden Bedingung innehat.

---

[54] B 202.
[55] B 207.
[56] B 224.
[57] A 189.
[58] A 211 bzw. B 256.
[59] A 218, B 265–266.

Die Fruchtbarkeit von Kants nicht-ontologisch konzipiertem Kausalitätsprinzip zeigt sich in einer dreifachen Tragweite: Zum einen wird es als Prinzip der *Möglichkeit der Erfahrung* unmittelbar der *selbstverständlichen* Grundorientierung aller Naturforschung an dem Ziel gerecht, mit ihren spezifischen Methoden die Erfahrung zu fördern; zum anderen bringt es Licht in die schwer durchschaubaren Komplikationen der theoretischen Situation, die von alters her mit einem an *Selbstverständlichkeit* grenzenden ontologischen Mißverständnis dieses Prinzips verbunden werden. In dieses selbstverständliche, aber schwer durchschaubare Mißverständnis waren nicht nur Kants philosophische Zeitgenossen verstrickt. An ihm haben bis heute auch Naturwissenschaftler und Wissenschaftstheoretiker teil, sofern sie ontologische Versionen dieses Prinzips favorisieren. Das für dieses Mißverständnis maßgebliche, aber für selbstverständlich gehaltene ontologische Moment kommt in unterschiedlichen Formen zur Sprache, in seiner einfachsten Form jedoch durch die un-›critische‹, von Stegmüller geteilte Unterstellung von ›*in der Welt existierenden* Ursachen, Wirkungen und Kausalrelationen‹. Die Subtilität von Kants Erörterungen des Kausalitätsprinzips zeigt sich daher auch darin, daß er die Wichtigkeit einer ontologisierenden Existenzunterstellung zwar durchaus berücksichtigt. Aber er befreit sie aus ihrer ontologischen Verabsolutierung als Eigenschaft der Welt-im-ganzen, indem er Ursachen und Wirkungen an die *wahrnehmbare* Existenz von individuellen Geschehnis-Substraten in unserer gemeinsamen raum-zeitlichen Anschauung bindet und Kausalrelationen an die einfache früher-später- bzw. später-früher-Relation zwischen solchen Substraten.

13. Vom paradoxen Rätsel zurück zur Selbstverständlichkeit der Erfahrung

Zum Schluß läßt sich dieses Ergebnis mit dem Ergebnis der Zwischenbilanz von vorhin verbinden. Es war davon die Rede, daß die von Kant betonte ›Erfahrenheit langer Zeiten‹, die mit den Erfahrungsurteilen der Menschen über unzählige individuelle Fälle von Kausalität verbunden ist, sie zu der Zuversicht *berechtigt*, daß sie sich durch den Gebrauch der Kausal-Kategorie in entsprechenden Erfahrungsurteilen auch weiterhin immer wieder von neuem neue individuelle Fälle von Kausalität entdecken können. Selbstverständlich konnte Kant noch nicht einmal ahnen, welche geradezu explosiven Fortschritte vor allem die experimentelle Ursachenforschung vor allem ab dem 20. Jahrhundert nehmen würde, aber auch die klinische Laborforschung schon seit der zweiten Hälfte des 19. Jahrhunderts. Doch das von ihm formulierte Kausalitäts-Prinzip macht alle derartigen Ahnungen ohnehin überflüssig. Denn es überbietet die empirische Berechtigung, die den Menschen auf Grund ihrer ›Erfahrenheit langer Zeiten‹ die Zuversicht auf eine zukünftige fruchtbare Ursachenforschung gewährt. Im Zusammenhang seiner ganzen Theorie bringt es an Stelle dieser empirischen Berechtigung die transzendental-logische, also nicht-empirische Rechtfertigung dieser Zuversicht zur Sprache – also nachträglich für die gesamte Vergangenheit, aber auch aktuell für seine Gegenwart und schließlich sogar im Vorgriff auf alle Zukunft.

An diesem Kulminationspunkt von Kants Theorie kommt daher auch noch ein letztes Mal die Reflexion auf die Bedingungen der Möglichkeit dessen zum Zuge, was in jeder anderen als der philosophischen Einstellung für selbstverständlich gehalten wird. Denn sofern wir es im Alltagsleben wie in der naturwissenschaftlichen Ursachenforschung und insbesondere in der Klinischen Forschung für selbstverständlich halten, daß die endlosen kindlichen Warum-Fragen nach Ursachen im Laufe der Zeit auch ohne Ende beantwortet werden *können*, können wir uns auf diese Selbstverständlichkeit *in gerechtfertigter Weise* erst im Licht des von Kant zuerst zur Sprache gebrachten Kausalitäts-Prinzips verlassen, daß Erfahrung nur dann möglich ist, wenn ›alles, was geschieht (anhebt zu sein), etwas voraussetzt, worauf es nach einer Regel folgt‹. Ob und in welchem Maß es sich so verhält, können wir nur durch die wahrnehmungsgesättigte Empirie kategorien-geprägter Erfahrungsurteile lernen.

Indem die Philosophie planmäßig die Reflexion auf die Bedingungen der Möglichkeit dessen übt, was in jeder anderen Einstellung für selbstverständlich gehalten wird, trägt sie zur Klärung der Bedingungen der Möglichkeit bei, von denen abhängt, ob wir uns zu Recht auf eine Selbstverständlichkeit verlassen oder nicht. Diese Art von Klärung bildet einen spezifisch philosophischen Beitrag zur Aufklärung. Denn jedenfalls ist es vernünftiger, eine Selbstverständlichkeit zu hinterfragen, die Gründe von deren Verläßlichkeit bzw. Unzuverlässigkeit man nicht durchschaut, als sich blind einer solchen Selbstverständlichkeit anzuvertrauen. Der spezifische Beitrag der Philosophie zur Aufklärung besteht also darin, daß sie um einen wohlbestimmten Reflexionsschritt vernünftiger ist als diejenigen, die sich diesen Schritt aus welchen Gründen auch immer schenken – den Schritt, der zur Frage nach den Bedingungen dessen führt, was in jeder anderen Einstellung als der philosophischen für selbstverständlich gehalten wird.

Verzeichnis der benutzten Literatur

Kant

Kant's gesammelte Schriften (sog. Akademieausgabe), Bd. I ff., Berlin 1900 ff.
Kant, Immanuel, Kritik der reinen Vernunft (= KrV), Hg. R. Schmidt ([1]1926), Philosophische Bibliothek Bd. 37A, Hamburg 1956.

Sonstige Quellenliteratur

Augustinus, Confessiones. Lateinisch-Deutsch (Hg. K. Flasch/B. Mojsisch), Stuttgart 2009.

Descartes, Meditationes de prima philosophia ([1]1641) / Meditationen über die Grundlagen der Philosophie. Auf der Grundlage der Ausgaben von Artur Buchenau herausgegeben von Lüder Gäbe, Hamburg 1959.

Euler, Leonhard: Elastizität, in: *Physikalisches Wörterbuch* von Johann Samuel Traugott Gehler, Erster Teil, Leipzig 1787, S. 695–719.

Hegel, G. W. F. Hegel: Enzyklopädie der philosophischen Wissenschaften, in: ders., Sämtliche Werke. Jubiläumsausgabe in zwanzig Bänden, Hg. Hermann Glockner, Sechster Band, Stuttgart-Bad Cannstatt, 1988, S. 1–310.
Heine, Heinrich: Zur Geschichte der Philosophie und Religion in Deutschland ([1]1834), in: Heinrich Heine's Sämtliche Werke. Neue Ausgabe in 12 Bänden. Siebenter Band, Hamburg o. J., S. 3–116.
Hume, David: A Treatise of Human Nature ([1]1738). In Two Volumes, London/New York 1964.

Leibniz, Gottfried Wilhelm: Nouveaus essais sur l'entendement humain ([1]1756), in: ders., Die philosophischen Schriften (Hg. C. I. Gerhardt), Berlin 1875–1890, 5. Bd.
: Principes de la Nature et de la Grace fondés en raison – Principes de la philosophie ou Monadologie. Publié intégralement d'après les manuscrits de Hanovre, Vienne et Paris et présentés d'après des lettres inédits par André Robinet, Paris 1954.

Locke, John: An Essay Concerning Human Understanding ([1]1689–[5]1706 [post.]). In Two Volumes (Edited with an Introduction by John W. Yolton) London/ New York 1967.

Platon, Euthyphron, Griechisch-Deutsch. Übersetzt, mit Einleitung und Anmerkungen versehen von Klaus Reich, Hamburg 1968.

Schiller, Friedrich: Sämtliche Werke. Bd. 1. Tabulae Votivae, München [3]1962.

Forschungsliteratur

Adorno, Theodor W.: Negative Dialektik ([1]1966), wieder abgedr. in: ders., Schriften 6, hg. v. Rolf Tiedemann, Frankfurt/Main 1996, S. 7–412.

Bloom, Allan: The Closing of the American Mind, New York 1987.
Bohr, Niels: The Quantum of Action and the Description of Nature ([1]1929), in: ders., Atomic Theory and the Description of Nature, Cambridge 1961.
Bubner, Rüdiger: Kant, in: Deutscher Idealismus (Hg. R. Bubner), Stuttgart 1978, S. 29–39.

Carl Wolfgang: Der schweigende Kant. Die Entwürfe zu einer Deduktion der Kategorien vor 1781, Göttingen 1989.
: Die transzendentale Deduktion der Kategorien in der ersten Auflage der Kritik der reinen Vernunft. Ein Kommentar, Frankfurt/M. 1992.
: Die transzendentale Deduktion in der zweiten Auflage (B 129 – B 169), in: Mohr, Georg and Willaschek, Marcus (Hg.), Klassiker Auslegen. Immanuel Kant: Kritik der reinen Vernunft, Berlin, 1998, p. 189–216.
: The Highest Point in Transcendental Philosophy, in: Jahrbuch des Deutschen Idealismus 5 (2007), S. 32–46.
Chisholm, Roderick: Die Erste Person. Theorie der Referenz und Intentionalität (amerik. [1]1984), Frankfurt/Main 1992.
Cohen, Hermann: Kants Theorie der Erfahrung, Berlin [1]1871.
Cramer, Konrad: Nichtreine synthetische Urteile a priori. Ein Problem der Transzendentalphilosophie Immanuel Kants, Heidelberg 1985.

Dilthey, Wilhelm: Weltanschauung und Philosophie, in: ders., Gesammelte Schriften, Bd. VII, S. 268–269.
: Abhandlung zur Grundlegung der Geisteswissenschaften ([1]1894), in: ders., Gesammelte Schriften, Bd. V, Göttingen 2006.
: Die Entstehung der Hermeneutik, in: dass., S. 318–338.

Enskat, Rainer: Zeit, Bewegung, Handlung und Bewußtsein im XI. Buch der *Confessiones* des hl. Augustinus, in: E. Rudolph (Hg.), Zeit, Bewegung, Handlung. Studien zur Zeitabhandlung des Aristoteles, Stuttgart 1988, S. 193–221.

: Kausalitätsdiagnosen: Die Musterbedingung der Möglichkeit der Erfahrung in Kants transzendentaler Beschreibung der Natur, in: Naturauffassungen in Philosophie, Wissenschaft, Technik (Hg. Lothar Schäfer und Elisabeth Ströker), Band III. Aufklärung und späte Neuzeit, Freiburg/München 1995, S. 149–223.

: Autonomie und Humanität. Wie kategorische Imperative die Urteilskraft orientieren ([1]2001), wieder abgedr. in: ders., Vernunft und Urteilskraft. Kant und die kognitiven Voraussetzungen vernünftiger Praxis, Freiburg/Br. 2018, S. 51–94.

: Authentisches Wissen. Prolegomena zur Erkenntnistheorie in praktischer Hinsicht, Göttingen 2005.

: Bedingungen der Aufklärung. Philosophische Untersuchungen zu einer Aufgabe der Urteilskraft, Velbrück Wissenschaft, Weilerswist 2008.

: Die Aufklärung der Urteilskraft, in: ders., Bedingungen, S. 369–424.

: Krise und Kritik der Urteilskraft, in: ders., Bedingungen, S. 515–556.

: Kants Paradoxie der Erfahrung, in: ders. (Hg.), Kants Theorie der Erfahrung, Berlin/Boston 2015, S. 9–46.

: Spontaneität oder Zirkularität des Selbstbewußtseins? Kant und die kognitiven Voraussetzungen der praktischen Subjektivität ([1]2013), wieder abgedr. in: ders., Vernunft und Urteilskraft. Kant und die kognitiven Voraussetzungen vernünftiger Praxis, Freiburg 2018, S. 277–309.

: Urteil und Erfahrung. Kants Theorie der Erfahrung. Erster und Zweiter Teil, Göttingen 2015 bzw. 2020.

: Vernunft und Urteilskraft. Kant und die kognitiven Voraussetzungen vernünftiger Praxis, Freiburg 2018.

Frege, Gottlob: Der Gedanke, in: ders., Logische Untersuchungen, herausgegeben und eingeleitet von Günther Patzig, Göttingen 1966, S. 30–53.

Galilei, Galileo: Dialog über die Weltsysteme (Auswahl). Handschriftliche Zusätze ([1]1610), in: ders., Sidereus Nuncius. Nachricht von neuen Sternen / Dialog über die Weltsysteme (Auswahl) / Vermessung der Hölle Dantes / Marginalien zu Tasso, hg. v. Hans Blumenberg, Frankfurt/Main 1965.

Gigon, Olof: Sokrates. Sein Bild in Dichtung und Geschichte ([1]1947), Bern [2]1979.

Gillessen, Jens: Aufklärung durch die Klimawissenschaften. Worüber und Wozu?, in: Wissenschaft und Aufklärung / Science and Enlightenment, Zeitschrift für Angewandte Philosophie, Hg. R. Enskat und O. R. Scholz, Göttingen 2018, S. 127–148.

Habermas, Jürgen: Erkenntnis und Interesse, Frankfurt/Main [1]1968.

Hansemann, David Paul von: Über das konditionale Denken in der Medizin und seine Bedeutung für die Praxis, Berlin 1912.

Henrich, Dieter: Werke im Werden. Über die Genese philosophischer Einsichten, München 2011.

Longueness, Beatrice: Kant and the Capacity to Judge. Sensibiliy and Discursivity in the Transcendental Analytic of the *Critique of Pure Reason* (franz. [1]1993), Princeton 1998.

Mackie, John Leslie: The Cement of the Universe. A Study of Causation, Oxford 1974.
: Causes and Conditions, in: Ernest Sosa (Hg.), Causation and Conditionals, Oxford 1975, S. 15–38.

Parfit, Derek: Reasons and Persons ([1]1984), Oxford 1987.
Paton, Herbert James: Kant's Metaphysic of Experience. A Commentary on the First Half of the Kritik der reinen Vernunft. In Two Volumes ([1]1936), In Two Volumes, London/New York [3]1961.
Patzig, Günther: Die Aristotelische Syllogistik. Eine logisch-philologische Untersuchung ([1]1959), 2., verbesserte Auflage, Göttingen 1963.
: Vorwort, in: Gottlob Frege, Funktion, Begriff, Bedeutung. Fünf logische Studien (herausgegeben und eingeleitet von Günther Patzig) ([1]1964), Göttingen [2]1966, S. 3–15.
: Nachwort, in: Rudolf Carnap, Scheinprobleme in der Philosophie. Das Fremdpsychische und der Realismusstreit. Nachwort von Günther Patzig, Frankfurt/Main 1966, S. 83–135.
: Immanuel Kant: Wie sind synthetische Urteile a priori möglich?, in: J. G. Speck (Hg.), Grundprobleme großer Philosophen. Philosophie der Neuzeit II. Göttingen 1976, S. 9–70.
: Die logischen Formen praktischer Sätze in Kants Ethik ([1]1966), wieder abgedr. in: ders.:, Gesammelte Schriften I. Grundlagen der Ethik, Göttingen 1994, S. 209–233.
: Die Begründbarkeit moralischer Forderungen ([1]1967), wieder abgedr. in: ders. Gesammelte Schriften I, Göttingen 1994, S. 44–71.
: Gottlob Frege und die logische Analyse der Sprache, in: ders., Sprache und Logik, Göttingen 1970, S. 77–100.
: Kritische Bemerkungen zu Husserls Thesen über Evidenz und Wahrheit, in: Neue Hefte für Philosophie 1 (1971), S. 12–32.
: Art. Widerspruch, in: Handbuch philosophischer Grundbegriffe (Hg. H. M. Baumgartner/Chr. Wild), München 1973, S. 1694–1702.
Perler, Dominik: Eine Person sein. Philosophische Debatten im Spätmittelalter, Frankfurt/Main 2020.
Planck, Max: Die Kausalität in der Natur ([1]1932), in: ders., Vorträge und Erinnerungen, Darmstadt 1973, S. 2–68.
Platon, Euthyphron. Griechisch–Deutsch. Übersetzt, mit Einleitung und Anmerkungen versehen von Klaus Reich, Hamburg 1968.
Popper, Karl R.: Truth, Rationality, and the Growth of Scientific Knowledge, in: Conjectures and Refutations. The Growth of Scientific Knowledge ([1]1963), London 1965, S. 215–250.
Pringe, Hernán: Critique of the Quantum Power of Judgement. A Transcendental foundation of quantum objectivity, in: Kant-Studien. Ergänzungshefte 154, Berlin/New York 2007.

Pseudo-Mayne: Über das Bewußtsein 1728, Übersetzt und mit Einleitung und Anmerkungen herausgegeben von Reinhard Brand, Englisch-Deutsch, Hamburg 1983.

Quine, Willard V. Orman: Mr. Strawson on Logical Theory, in: ders., The Ways of Paradox and Other Essays ([1]1963), New York 1968.

Reich, Klaus: Die Vollständigkeit der kantischen Urteilstafel ([1]1932), Berlin 1948.

Rickert, Heinrich: Die Grenzen der naturwissenschaftlichen Begriffsbildung. Eine Logische Einleitung in die historischen Wissenschaften, Freiburg 1896.

Ross, William David: Kant's Ethical Theory, Oxford 1954.

Rousseau, Jean-Jacques: Émile ou de l'Éducation, in: ders., Œuvres complètes, vol. IV, Paris 1969.

Savigny, Eike von: Der Mensch als Mitmensch. Wittgensteins »Philosophische Untersuchungen«, München 1996.

Schnepf, Robert: Die Frage nach der Ursache. Systematische und problemgeschichtliche Untersuchungen zum Kausalitäts- und zum Schöpfungsbegriff, Göttingen 2006.

Scholz, Heinrich: Einführung in die Kantische Philosophie (1943–44), in: Heinrich Scholz, Mathesis Universalis. Abhandlungen zur Philosophie als strenger Wissenschaft (Hg. H. Hermes/F. Kambartel/J. Ritter), Darmstadt 1969, S. 152–218.

Scholz, Oliver R.: Art. Erfahrung, in: Heinz Thoma (Hg.), Handbuch Europäische Aufklärung. Begriffe, Konzepte, Wirkung, Stuttgart/Weimar 2015, S. 150–160.

: Vorläufige Urteile statt Vorurteile – Zur Kritik neuerer Versuche einer Rehabilitierung des Vorurteils in den Wissenschaften, in: Zeitschrift für Angewandte Philosophie 1 (2018), S. 78–90.

Stegmüller, Wolfgang: Gedanken über eine mögliche rationale Rekonstruktion von Kants Metaphysik der Erfahrung ([1]1967–68), wieder abgedr. in: ders., Aufsätze zu Kant und Wittgenstein, Darmstadt 1974, S. 1–61.

: Erklärung – Begründung – Kausalität, in: ders., Probleme und Resultate der Wissenschaftstheorie und Analytischen Philosophie, Band I, Berlin/New York 1983.

Stolzenberg, Jürgen: »Seine Ichheit auch in der Musik heraustreiben«, München 2009.

Strawson, Peter F.: Individuals. An Essay in Descriptive Metaphysics ([1]1959), London 1975.

Toulmin, Stephen: Einführung in die Philosophie der Wissenschaft (engl. [1]1953), Göttingen o. J.

Tugendhat, Ernst: Selbstbewußtsein und Selbstbestimmung. Sprachanalytische Interpretationen, Frankfurt/Main 1979.

Vleeschauwer, Herman J. de: La déduction transcendentale dans l'œuvre de Kant. Tome troisième. La déduction transcendentale de 1787 jusqu'à *L'opus postumum*, Antwerpen/Paris/'S Gravenhage 1937.

Watkins, Eric: Kant and the Metaphysics of Causality, Cambridge 2005.

Weyl, Hermann: Philosophie der Mathematik und der Naturwissenschaften ([1]1928), Braunschweig [3]1966.

Wieland, Wolfgang: Wissenschaft und Ethik, in: Das Parlament, Beilage: Aus Politik und Zeitgeschichte 1964, S. 11–26.

: Zur Deutung der Aristotelischen Logik. Rezension von Patzig, Syllogistik, in: Philosophische Rundschau Heft 1, 14. Jg. (1966), S. 1–27.

: Kants Rechtsphilosophie der Urteilskraft, in: Zeitschrift für philosophische Forschung 52/1 (1998), S. 1–22.

: Urteil und Gefühl. Kants Theorie der Urteilskraft, Göttingen 2001.

: Was heißt und zu welchem Ende vermeidet man den Gebrauch der Urteilskraft? Strategien zur ihrer Umgehung, in: Frithjof Rodi (Hg.), Urteilskraft und Heuristik in den Wissenschaften. Beiträge zur Entstehung des Neuen, Weilerswist 2003, S. 9–33.

: Wissenschaft im Fadenkreuz der Aufklärung. Zur Tragweite des hypothetischen Denkens, in: Aufklärung und Wissenschaft. Acta Historica Leopoldina Nr. 57, hg. von R. Enskat, A. Kleinert. Halle (Saale) 2011, S. 99–130.

: Diagnose. Überlegungen zur Medizintheorie ([1]1975), Warendorf 2015.

Windelband, Wilhelm: Geschichte und Naturwissenschaft. Straßburger Rektoratsrede 1894, Heidelberg 1910.

Wittgenstein Ludwig: Schriften, Frankfurt/Main 1960.

: Vermischte Bemerkungen, Werkausgabe Bd. 8, Frankfurt/Main 1984.

: Aufzeichnungen für Vorlesungen über »privates Erlebnis« und »Sinnesdaten«, in: ders., Vortrag über Ethik und andere kleine Schriften (Hg. Joachim Schulte) Frankfurt/Main, 1989.

Wolff, Michael: Das Körper-Seele-Problem. Kommentar zu Hegel, Enzyklopädie (1830), § 389, Frankfurt/Main 1992.

: Die Vollständigkeit der kantischen Urteilstafel. Mit einem Essay über Freges Begriffsschrift, Frankfurt/Main 1995.

Wright, Georg Henrik von: On the Logic and Epistemology of the Causal Relation, in: Ernest Sosa (Hg.), Causation and Conditionals, Oxford 1975, S. 95–113.

Zeller, Eduard: Die Philosophie der Griechen in ihrer geschichtlichen Entwicklung dargestellt, Bd. I ([1]1844), 2. Aufl., Tübingen 1956.

Zobrist, Marc: Subjekt und Subjektivität in Kants theoretischer Philosophie: eine Untersuchung zu den transzendentalphilosophischen Problemen des Selbstbewusstseins und Daseinsbewusstseins, Berlin 2011.